재중 한인디아스포라
연 구 총 서

7

재중 한인타운의
형성과 발전

베이징 왕징(望京) 한인타운을 중심으로

재중 한인디아스포라
연 구 총 서

7

재중 한인타운의
형성과 발전

베이징 왕징(望京) 한인타운을 중심으로

정종호 · 설동훈 지음

제1장

서론

Ⅰ. 연구목적과 필요성

1992년 국교 수립 이후 한국과 중국 간에는 자본주의 체제와 사회주의 체제 간의 차이를 넘어서는, 그리고 개별 국가 간의 경계를 넘어서는 초국가적(transnational) 교류가 활발하게 이루어져 왔다. 두 나라 간의 해외직접투자, 무역, 관광 등을 통한 교류는 소득격차, 소득분배, 경제성장, 취업기회, 공간적 거리, 문화적 거리 등과 복합적으로 어울려 이주 규모를 결정하는 데 영향을 미친다(Seol, 2015).[1] 이처럼 경제적 요인과 사회·역사적 요인이 복합적으로 작용한 결과, 한중 수교 20주년이 되던 해인 2012년 기준, 중국 거주 한국인 수는 중국 거주 외국인 중 최다인 80만 명으로 추산되었다(Jeong, 2012: 80). 한편, 2018년 12월 재외동포 현황 집계를 기반으로 제시된 대한민국 외교부의 『재외동포현황 2019』에 따르면, 중국에 거주하는 재외국민은 영주권자 7,582명, 일반 체류자 246,618명, 유학생 53,714명 등 총 307,914명에 달하였다.[2] 이처럼 집계방법에 따른 차이가 크긴 하지만, 중국 거주 외국인 중 한국인이 가장 다수 집단이라는 점에는 이견이 없을 것으로 본다(Pieke, 2012 참조).

본 연구는 1992년 수교 이후 한국인들이 중국의 주요 도시에 정

---

1) 관광의 형태로 이루어지는 인적 교류는 생활양식에 영향을 미치므로 언뜻 보면 이주와 무관한 현상으로 여겨지지만, 실은 밀접한 관계를 가진다(Cohen and Kennedy, 2013; Ryan and Huang, 2009).

2) 외교부, "재외동포현황 2019." http://www.mofa.go.kr/www/brd/m_4080/view.do?seq=369552. 참고로 중국정부의 2010년 제6차 인구센서스(第6次全国人口普查) 결과에 따르면, 중국에 3개월 이상 거주한 외국인 수는 593,832명이었고, 그중 한국인 수는 120,750명이었다. 国务院人口普查办公室·国家统计局人口和就业计司 编, 附录2 第六次全国人口普查港澳台居民和外籍人员数据. 2-6 按国籍分的境外人员, 2011. 제7차 인구센서스(第7次全国人口普查)는 2020년 11월 1일 0시를 기준으로 시행될 예정이다.

착하여 만들어진 한국인 집중 거주 지역 중 가장 대표적인 한인타운(韩国城)인 베이징 왕징(望京)을 중심으로 재중 한인타운의 형성과 발전을 살펴보고 있다. 왕징 한인 사회에 대한 총체적인 이해는 미래지향적인 한·중 관계 네트워크를 구축하는 데 도움을 줄 것이다. 구체적으로 본 연구는 한국인들의 왕징 이주·정착 과정과 현지사회에서의 경제·사회·문화적 적응의 양상을 분석함으로써 왕징 한인사회의 형성·특성·분화 등에 대한 종합적인 상황을 규명하고, 더 나아가 재중 교민과 현지 중국인 간의 상호 인식 및 교류 양상에 대한 조사를 통해 양국관계의 진일보에 도움을 줄 수 있는 자료와 시각을 확보함으로써 향후 성공적인 중국진출을 위한 전략 수립을 모색하고자 한다.

Ⅱ. 이론적 의의

왕징 한인타운 연구는 매우 중요한 이론적 의의를 지닌다. 우선, 초국가 이주 커뮤니티(transnational migrant community)로서의 왕징 한인타운에 관한 연구는, 모국과의 사회적 관계(social relations) 및 문화적 유대(cultural ties)를 완전히 단절한 채 정착국의 사회·문화·정치·경제 체계에 적응 및 융화하는 것으로 이민 현상을 이해하였던 전통적인 논의와는 달리, 세계화 시대의 이민 현상에 대한 접근, 즉 단절되고, 단선적인 이동 과정으로서보다는 기존의 지리적 경계를 넘어서 모국과 정착국 모두의 경제적 활동, 사회적 네트워크, 문화적 연대가 결합하여 나타나는 초국가적 사회적 공간(transnational social fields, transnational social space)의 형성과정으로 국제 이민을 이해하는 논의를 한층 더 심화시키는 사례를 제공한다(정종호, 2013: 434).[3] '초국가주의'(transnationalism)란 개인의 생활영역이 두 개 이상의 여러 나라에 걸쳐 있지만, 국가는 여전히 중요하다는 관점을 갖고 있다. 왕징에 거주하는 한국인은 한쪽 발은 중국에, 다른 한쪽 발은 한국에 딛고 있는 형태를 취하는데, 이는 그들의 생활양식과 정체성에도 영향을 미치고 있다.

한편, 왕징 한인 커뮤니티 연구는 한국인의 중국 이주, 동북 3성 조선족의 베이징 이주, 북한인의 중국 이주, 그리고 전 세계 한인의 중국 이주가 결합한 형태라는 점에 주목할 필요가 있다. 적어도 '세 나라 이상의 국적을 가진 한인들'이 모여 생활하는 독특한 공간을 이루고 있다. 또한, 한인 커뮤니티가 성장하면서 왕징 지역에서 '사영경제'가 발전하였고, 동시에 쾌적한 생활환경과 더불어 생활 편의 시설이 크게 늘면서 베이징 내 외국인도 왕징에 모여들기 시작하였다.[4] 그 결과 중국 자본의 투자가 추가로 이루어지면서 왕징은 한인 사회뿐 아니라 베이징 내 '초국적 네트워크의 결절점'을 형성하기에 이르렀다(박광성, 2010; 설동훈·문형진, 2020; 周雯婷·刘云刚·全志英, 2016. Kim, 2010). 이러한 의미에서 왕징 한인타운 연구는

---

3) 이와 관련된 논의로는 Basch, Glick Schiller and Szanton Blanc (1994), Faist (2000), Glick Schiller, Basch and Szanton Blanc (1995), Glick Schiller and Fouron (1999), Portes (1997) 등을 참조할 것.

4) 플라이셔(Fleischer, 2010: xxxii-xxxiii)는 1999년 우연히 왕징을 발견했을 때 상황과 느낌을 다음과 같이 기술하였다. "나는 우연히 왕징을 발견했다. [……] 이 지점을 넘자, 택시 운전사는 더는 어디로 가야 할지 몰랐다. 그는 이만큼 도시 밖으로 차를 몰아 본 적이 없었으므로, 우리와 마찬가지로 그 환경에 당황했다. [……] 나는 우리가 발견한 새로운 동네에 훨씬 더 흥미를 느꼈다. 이 믿을 수 없을 정도로 넓고 현대적인 새 지역은 무엇인가? 그것은 도시에 속해있는가? 그것은 언제 지어졌나? 무엇이 이 도시 변두리의 급성장을 촉발했는가? 누가 이렇게 비싸 보이는 새 아파트에 살고 있으며, 왜 그들은 이곳으로 이사했는가? 내 중국인이나 서양인 친구 중 누구도 이곳을 알지 못했다."

초국가주의 연구에 있어서 매우 중요한 이론적 의의를 지닌다.

왕징 지역 연구는 중국의 도시개발 연구에도 중요하다. 개혁·개방 이후 토지사용제도 개혁이 진전되고 토지의 상품화가 진행됨에 따라, 국유토지 사용권의 양도(出让) 조건은 도시개발계획과 밀접하게 관련되어 변화되어 왔다(Fang and Zhang, 2003; Ho and Lin 2003; Smart and Zhang, 2006; Zhang, 2002). 이는 베이징의 도시개발 과정에서도 나타나고 있는데, 개혁·개방으로 토지와 주택에 시장경제가 도입되었고, 토지 임대의 합법화와 외국투자자의 토지 임대가 허용되었으며, 주택 사유화를 전제로 하는 상품주택, 저렴하게 사들일 수 있는 경제성 주택, 안거주택 등을 허용하게 되면서 주택 공급정책도 크게 변모하였다(주일영·안건혁, 2007: 91-95). 베이징시는 도시개발계획 방향으로 정치와 국제 교류 중심, 세계적인 서비스 중심지, 문화·교육·과학을 창조하는 세계·역사·문화 도시, 충분한 취업기회와 쾌적한 주거환경을 갖춘 지속발전 가능 도시를 제시하였는데, 그 중심에 왕징이 포함된 것으로 판단된다(Ma, 2019).

왕징 한인타운에 관한 연구는 한중관계 연구에서도 중요한 의미를 지닌다. 한중 수교 이후 양국 간의 인구이동은 상이한 정치경제체제 및 사회문화적 배경으로 인해, 종종 한국인과 중국인 간의 편견 및 충돌로 이어지기도 하였다. 특히 중국에 형성된 한국인의 집중적인 거주지역인 한인타운은 종종 반한(反韓) 감정의 주요 대상이 되어 왔으며, 한인타운에 대하여 부정적인 태도를 견지하고 있는 중국인들이 적지 않았다(정종호, 2013: 435). 따라서 왕징 한인타운에 관한 중국학자들의 연구는 대부분 왕징 지역에서의 한국인과 중국인 간의 갈등과 충돌, 그리고 이에 대한 대처 및 개선 방안을 주로 다루고 있다.5) 이러한 배경에서 볼 때, 글로벌 시대 재중 한인 사회의 발전을 위한 바람직한 모형을 구성하기 위한 모색이라는 점에서, 한중 수교 이후 중국에 형성된 가장 대표적인 초국가이주 커뮤니티로서의 왕징 한인타운에 관한 연구는 한중 양국 간의 미래를 위해서도 실제적이고 정책적인 차원에서 매우 중요한 의미를 지닌다(정종호, 2013: 435).

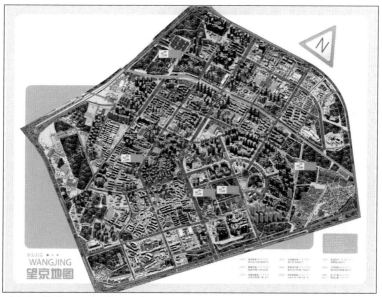

자료: http://beijingevergreen.com

[그림 1-1] 왕징의 부동산 지도, 2020년

---

5) 예를 들면, 譚玉·蔡志琼(2014), 卢韦·姜岩·张金慧(2013), 马晓燕(2008), 张丽娜·朴盛鎭·郑信哲(2009), 郑信哲·张丽娜(2008). 赵峰·孙震(2016), 周雯婷·刘云刚·全志英(2016), 何波(2008).

또한, 왕징 한인타운은 중국 정부의 외국인 관리정책과 관련해서
도 중요하다. 중국 정부는 1978년 개혁·개방 정책의 시행과 더불어
제한적이지만 외국인의 유입과 체류를 허용하는 정책으로 전환하였
다. 2010년 제6차 인구센서스 결과, 중국에 '공식적으로' 거주하고
있는 외국인 주민 수는 593,832명에 불과하였지만, '실제로' 중국에
거주하고 있는 외국인 주민 수는 그보다 훨씬 많을 것으로 여겨진
다. 중국정부는 2018년 행정조직을 재편하여 '국가이민관리국'(中华
人民共和国 国家移民管理局)을 설립하고, 우수 외국인재를 유치하
기 위해 '외국인 비자 제도'를 획기적으로 개선하는 정책을 시행하
였다. 왕징 지역 외국인 주민은 초기에는 한국인이 압도적 다수였으
나, 지역발전과 더불어 오늘날에는 한국 이외 다른 나라 출신 외국
인 주민도 많이 증가하였다. 그 결과, 왕징 한인타운에는 단기비자
와 거류비자를 가진 다양한 국가 출신 외국인이 다수 거주하고 있는
데, 따라서 왕징 한인타운에 관한 연구는 외국인의 거주를 '체류'와
'거류'로 구분하여 관리하는 중국 정부의 외국인 입국관리·체류관
리와 관련하여 매우 중요한 의의를 지닌다.

III. 기존 연구 분석

개혁·개방 40년이 지난 중국에서 '에스닉 커뮤니티'(ethnic community)
로서 존재하는 가장 대표적인 외국인 집단 거주지역은 한인타운이
고, 왕징은 한인타운 중에서도 가장 방대한 규모를 자랑하고 있다.
이러한 이유로 인해 한국과 중국의 많은 연구자들이 왕징 한인타운

을 연구했다.

중국학자들은 대체로 왕징의 인구구성, 한국인과 중국인의 문화적 차이와 이로 인해 발생하는 충돌, 그리고 외국인 관리 및 갈등 완화에 대한 정책을 중심으로 한 실용적 연구를 수행하였다. 마샤오옌(马晓燕, 2008)은 왕징 거주자들과의 인터뷰를 토대로 구체적인 문화·생활 갈등 요소들을 제시하였고, 허보(何波, 2008)와 장리나 등(张丽娜·朴盛镇·郑信哲, 2009)의 연구는 왕징의 인구구성을 통계적으로 분석하고 한인 거주자들의 밀집성에 대해 관찰을 하였다. 정책적인 측면에서 마샤오옌(马晓燕, 2008)과 허보(何波, 2008)의 연구는 한국인과 중국인의 갈등을 완화할 수 있는 정책에 대한 중요성을 강조하였고, 장리나 등(张丽娜·朴盛镇·郑信哲, 2009)의 연구는 중국의 국제화 사회 건설을 위한 교육에 대해 강조하였으며 동시에 서로 다른 문화권에 대한 존중이 필요하다고 주장하였다.

탄위·차이즈총(谭玉·蔡志琼, 2014)의 연구는 다른 국가에서 실행하고 있는 외국인 관리모델을 제시하면서, 중국정부가 미국과 일본처럼 지역별 NGO와 공동체를 토대로 할 것인지, 싱가포르처럼 정부가 개입할 것인지, 아니면 영국과 같은 형태로 지역별 기업을 동반할 것인지를 고려해야 한다고 주장하였으며, 이를 베이징·광저우·상하이 모델과 비교하였다. 이러한 비교에 바탕을 두고, 중국정부가 경계적인 행정관리를 강화하는 '서비스제공자'(服务者) 역할, 외국인 관리를 위한 정책과 법률을 보충하는 '제정자'(制定者) 역할, 적절한 법 집행을 시행하는 '규범자'(规范者) 역할, 외국인 구성원의 지역사회 참여를 장려하여 지역사회 자치와 자율을 강화하는 '추진자'(推动者) 역할, 지역사회 구성원 간의 다양한 문화교류 활동 및 중국인과 외국인 간의 소통을 확대하는 '연결자'(搭建者) 역할 중 명확한 태도를 고수해야 한다고 주장하였다. 또한, 자오펑·순전(趙峰·孫震, 2016)의 연구는 중국정부와 외국인들의 사회적 위치 차이를 줄여야 한다고 주장하며 쌍방의 교류와 참여를 강조하고 있으며, 저우원팅 등(周雯婷·刘云剛·全志英, 2016)의 연구는 왕징의 재중 한국인 집단 거주지 및 에스닉 경제(ethnic economy)의 형성과 발전 과정에 주목하면서 한국인-조선족-한족 간의 잠재적 갈등 요인을 분석하고 있고, 마샤오(马萧 Ma, 2019)의 연구는 왕징 한인타운에서의 한국인, 한족 중국인, 조선족 중국인 간의 다양한 에스닉 관계 및 통합의 형태에 주목하는 동시에 외국인의 거주 제한, 도시계획, 그리고 부동산 개발 등을 포함하는 도시거버넌스가 왕징 한인타운의 형성과 유지에 끼치는 영향을 분석하고 있다. 이상과 같이, 많은 중국학자들은 현지 한국인과 중국인 간의 생활 문화의 차이로 인해 발생하는 충돌에 주목하여, 외국인 관리 및 갈등 완화에 대한 정책을 강조하고 있다.

한편, 한국학자(한국 학계에서 활동하는 중국인 학자 포함)들은 대부분 왕징 한인타운의 형성 및 발전과정의 특징에 중점을 두어왔다. 서정민(Seo, 2007)의 연구는 초창기 한국 '이민자'들의 인터뷰를 통해 왕징의 한국인 이주자들이 왕징 지역을 '한국화'시킨 과정을 잘 보여주고 있으며, 예동근(2010a, 2010b)의 연구는 글로벌 시대에 있어서 어떻게 왕징지역에 종족성에 기초한 한인타운이 형성되었는지를 분석하였고, 이윤경·윤인진(2013, 2015)의 연구는 왕징 한인타운의 특징 중 하나인 한국인과 조선족의 문화적 차이 및 한국인과 조선족의 분화를 중심으로 왕징 한인타운 형성의 특징을 보여주고 있으며, 샤론 윤(Yoon, 2017)의 연구는 초국경 상황 및 문화접변 상황 하에서의 한인타운 내 한인 사업가와 조선족 사업가의 역량 차이를 비교하고 있다.

이상과 같은 왕징 한인타운에 관한 기존 연구는 다음 두 가지 한계를 지니고 있다. 첫째, 기존의 연구들은 주로 한국인의 중국으로의 초국가적 이주 및 그로 인한 한인타운의 형성에 주된 연구 관심을 집중함에 따라, 개혁·개방기 중국 도시발전에 관한 시각에서는 매우 제한적인 수준에서 왕징 한인타운에 관한 연구를 수행하였다(정종호, 2013: 436). 개혁·개방 시기 중국의 도시발전에 관한 기존 연구들은 중국 도시의 변혁과정에서 등장한 다양한 비공식적 공간(informal space)의 형성·발전·쇠퇴가 호구(戶口)제도로 대표되는 모택동 시기 형성된 사회주의 유산 및 개혁·개방기 중국 도시에서 이루어진 도시의 재구성(urban restructuring)과 밀접한 관련이 있음을 보여주고 있다(Ma and Wu, 2005; Wu and Webster, 2010). 따라서 중국 도시에서 형성된 비공식적 공간 중 하나인 왕징 한인타운에 관한 연구 역시 이러한 연구의 맥락에서 조명할 필요가 있다. 예를 들면, 개혁·개방기 중국의 도시에 형성된 가장 대규모 외국인 밀집 거주지인 왕징 한인타운의 형성 및 발전은, 중국의 도시에 형성된 다른 비공식적 공간들, 예를 들어 도시로 진입한 농촌 출신 이주민들의 집단 거주지(enclaves or settlement)와의 비교연구를 통해 더욱 체계적인 분석이 가능하다. 그러나 왕징 한인타운에 관한 기존의 연구들에서 이러한 비교연구는 매우 제한적으로 이루어져 왔다(정종호, 2013: 436).

둘째, 기존의 연구들은 왕징에 거주하는 한국인 이민자 사회를 비교적 단일한 집단으로 분석함에 따라 한국인 이민자 내에서 이루어 지고 있는 사회적 분화와 같은 변화과정에 대해서 매우 제한적인 사실만을 보고하고 있다(정종호, 2013: 436-437). 재중 한인의 역사도 어느덧 30년을 향해 가면서 재중 한인사회 내의 계층 분화가 점차 심화하고 있는데, 이러한 변화가 가장 명시적으로 나타나고 있는 곳이 베이징 왕징 한인타운이다. 동시에 왕징 한인타운은 중국에 형성된 다른 여타 한국인 집중 거주지역과도 뚜렷이 구분되는 차이점을 보인다. 즉, 중소기업과 개인자영업자 중심의 진출이 가장 두드러진 산둥성 칭다오(青岛)의 한국인 집중 거주지역이나, 역사적으로 조선족이 먼저 이주하여 집단으로 주거지역을 형성하고 있던 지역에 1990년대 이후 한국의 중소기업이 진출하면서 한국인 거주지역이 형성된 랴오닝성 선양(沈阳)의 시타(西塔)와는 달리, 왕징 한인타운 내의 한국인 이민사회는 대기업 주재원과 공공기관 주재관, 대형 자영업자, 중소형 자영업자, 영세한 자영업자, 유학생, 주부 그리고 일정한 직업이 없이 생활이 안정되지 않은 유동인구에 이르기까지 다양한 집단이 존재하며, 그들 사이에 이미 사회 계층적 구분이 심화하고 있다(정종호, 2013: 437).[6] 그러나 왕징 한인타운의 한국인 이민자 커뮤니티 내에서 급속히 형성되고 있는 이와 같은 사회계층 분화에 관한 연구는 기존 연구들에서 매우 제한적으로 이루어져 왔다.

---

6) 한중 수교 이후 중국의 주요 도시에 형성된 한인타운에 대해서는 백권호·장수현·김윤태·정종호·설동훈(2010)을 참조할 것.

Ⅳ. 연구 내용과 방법

이상과 같은 문제의식 하에, 본 연구는 두 가지 차원에서 왕징 한인타운 연구의 범위를 확대하고자 한다. 첫째, 개혁·개방 시기 중국 도시발전 연구의 맥락 속에서 왕징 한인타운에 관한 연구를 진행한다. 특히 개혁·개방 시기 베이징에 형성된 농촌 출신 이주민의 집단 거주지와의 비교 및 베이징의 도시개발 과정에 대한 분석을 중심으로 왕징 한인타운의 형성과정을 조명한다. 둘째, 본 연구는 통시적 차원에서도 연구의 범위를 확대한다. 왕징 한인타운 내에 형성된 변화를 분석함으로써, 왕징 한인에 관한 기존 연구에 사회적 분화라는 역동적인 차원을 추가로 제공한다.[7]

본 연구에서는 표본조사를 통한 양적 방법(quantitative method)과 현지조사를 통한 질적 방법(qualitative method)을 모두 사용하였다. 우선, 중국정부와 한국정부의 공식 통계자료를 수집하는 한편, 질문지를 이용한 표본 조사연구를 실시하였다. 조사 대상자는 2013년 6월 1일 기준 중국 내에 거주하고 있는 19세 이상 재중 한국인으로 하였다. 실사(fieldwork)는 2013년 6-8월에 시행했으며, 베이징 거주자 34명의 응답을 받았다. ① 사회·인구학적 특성, ② 경제활동, ③ 이주와 문화, ④ 가족, ⑤ 사회참여, ⑥ 한국과의 관계, ⑦ 일상생활 등의 내용을 조사항목에 포함했다. 왕징 한인의 전반적인 현황과 변동을 파악하는 데 조사의 초점을 두었다.

현지조사는 2001년 7월, 2004년 2월, 2006년 8월, 2007년 2월 및

---

7) 본 연구는 이러한 문제의식에서 왕징 한인타운을 분석한 정종호(2013)의 연구를 확대하고 있다.

8월, 2010년 7월 및 8월에 수행한 사전 조사를 기초로 하여, 2012년 2월 및 7월, 2013년 7월, 2014년 8월, 2015년 7월, 2016년 7월, 2018년 1월, 2019년 8월에 베이징 왕징 한인타운을 중심으로 본격적으로 실시하였다. 현지조사 시 심층 인터뷰는 해당 지역에 거주하는 한국인·조선족·중국인으로 구분하여 실시하였다. 한국인 거주자의 경우 주재원이 현지에 정착한 경우, 유학생으로 시작하여 현지에 정착한 경우, 개인적인 사업이민 형식으로 중국에 진출하는 경우 등 각각의 대표 사례에 대한 심층적 개인사 연구를 포함하였다. 동시에, 중국한국상회(中国韓国商会)·중국한국인회(中国韓国人会)[8] 등 공식조직의 역할과 기능, 종교조직·동창회·동향회 등과 같은 비공식조직의 역할과 기능에 대한 심층 인터뷰 및 참여관찰을 포함하였다.

V. 이 책의 구성

이 책은 여섯 장으로 구성되어 있다. 제1장에서는 연구목적과 필요성, 본 연구가 갖는 이론적 의의, 기존 연구 분석, 연구내용과 방법 등을 소개하고 있다. 제2장에서는 왕징 한인타운의 형성·성장·재편을 다룬다. 한중 수교와 사회적 교류를 살펴보고, 베이징시의 왕징 개발과 '왕징 한인타운'의 형성(1993-2002년), '왕징 한인타운'의 성장(2003-2007년), '왕징 한인타운'의 재편(2008년 이후)으로 시

---

8) 중국한국인회는 1999년 '재중국한국인회'라는 이름으로 설립된 후, 2013년 명칭을 개정하였다.

기를 구분하여 살펴본다. 제2장은 설동훈·문형진(2020)의 연구(설동훈 집필 부분)를 수정·보완하였다.

제3장에서는 왕징 한인타운의 사회구조를 분석한다. 한국인, 조선족, 한족 등으로 이루어지는 민족 구성, 한인타운의 사회조직과 사회적 네트워크, 그리고 한국인과 중국인의 사회적 관계를 고찰한다. 제3장은 백권호·장수현·김윤태·정종호·설동훈(2010)에 포함된 왕징연구(정종호 집필 부분)를 수정·보완하였다.[9]

제4장에서는 개혁·개방기 베이징에 형성된 다른 비공식적 공간들과의 비교연구를 진행함으로써, 왕징 한인타운의 형성 및 발전과정의 특징을 조명한다. 특히 개혁·개방기 베이징에 진입한 농촌 출신 이주민의 집단 거주지 공간과의 비교를 통해, 이농민 집단 거주지가 집중된 '도시 속 농촌'(城中村)으로 변화된 베이징 대부분의 성향결합부 지역과는 달리 같은 성향결합부 지역에 속함에도 불구하고 오늘날 대표적인 한인타운(韓国城), 더 나아가 국제타운(国際城)을 포함하는 '도시 속 도시'(城中城)로 발전되어온 왕징의 독특한 발전과정을 살펴본다. 제4장은 정종호(2008)와 Jeong (2014)의 연구를 수정·보완하였다.

제5장에서는 왕징 지역의 부동산 개발 및 재개발과 밀접한 관련 하에 진행되어 온 한국인 이민자 사회 내의 사회적 분화를 분석하고 있다. 특히 왕징 한인타운 내의 다양한 집단 사이에 빈번한 사회적 이동이 이루어지고 있다는 사실과, 왕징 한국인 사회 내 다양한 집단들이 자신들의 사회적 지위를 나타내는 지시체에 대하여 상당히 공유된 지식을 구비하고 있고 이를 통해 구별 짓기를 행하고 있음을

---

9) 백권호·장수현·김윤태·정종호·설동훈(2010: 17-30).

보여줌으로써, 왕징 한인에 대한 기존 연구에 사회적 분화라는 역동적인 차원을 제공하고자 하였다. 제5장은 정종호(2013)의 연구를 수정・보완하였다.

이상의 논의를 기반으로 하여, 제6장에서는, 왕징 지역의 독특한 발전 경험이, 한편으로는 중국의 도시발전 및 중국의 다민족・다국적 사구(社区) 건설을 위한, 동시에 또 다른 한편으로는 왕징 한인 디아스포라의 재구성과 발전적 통합을 위한 중요한 모델로서의 가능성을 제시하고자 한다.

제2장

왕징 한인타운의 형성 · 성장 · 재편

I. 한중 수교와 사회적 교류

1992년 역사적인 한중 수교 이후 한중간에는 다양한 영역에서 교류가 지속하여 왔다. 한중 양국 간의 교역액을 살펴보면, 한중 수교가 이루어진 1992년 한국의 대중(対中) 수출은 26.5억 달러, 대중 무역총액은 63.8억 달러로, 수출은 한국의 전체 수출총액의 3.5%, 무역총액은 한국의 무역총액의 4.0%에 불과하였으나, 2017년 11월 기준 한국의 대중 수출은 1,283억 달러, 한중 무역 규모는 2,175억 달러에 달해, 한중 수교 25년의 기간 동안 대중 수출은 약 48.4배, 대중 무역 총액은 약 34.1배 증가하였으며, 그에 따라 대중 수출은 전체 수출총액의 24.4%, 대중 무역총액은 전체 무역총액의 22.7%로 증가하였다. 따라서 2017년 11월 기준 대중 무역총액은 대미 무역 총액(1,097억 달러) 및 대일 무역 총액(746억 달러)을 합한 액수보다 많으며, 특히 대중 수출총액은 대미 수출총액(633억 달러) 및 대일 수출총액(244억 달러)을 합한 액수보다 많을 뿐 아니라, 대미 수출총액 및 대일 수출총액에 대EU 수출총액(495.7억 달러)을 합한 액수보다도 150억 달러 정도 웃돈다.[1]

한국의 대중 직접 투자 역시 1992년 실제 금액 1억4천백만 달러(신고금액 2억2천3백만 달러)에 불과하였으나, 2007년에는 실제 금액 56억8천9백만 달러(신고금액 74억3천2백만 달러)로 증가하였다. 국제 금융위기의 여파로 인해 일시 하락하였다가 다시 증가추세를 보여, 2012년에는 실제 금액 40억5천1백만 달러(신고금액 70억1천6

---

[1] 한국무역협회 통계. http://stat.kita.net/stat/kts/ctr/CtrTotalImpExpList.screen#none. 한편, 중국 측 통계에 의하면, 2017년 10월 기준 한국과 중국의 무역 총액은 2,258.9억 달러에 달한다. http://data.mofcom.gov.cn/hwmy/imexCountry.shtml.

백만 달러)에 이르렀다. 2013년에서 2016년까지 신고금액 20억에서 40억 달러, 실제 금액 20억에서 30억 달러로 현상 유지를 하고 있다.[2]

글로벌 시대에 있어서 기존의 국가 단위를 넘어 이루어지는 초국가적인 상호작용의 사회문화적 역동성에 주목하였던 아파두라이(Appadurai, 1996: 33-36)는 전 지구화 과정이 국제자본의 이동이나 국제기구의 형성과 같은 경제적·정치적 측면뿐 아니라, 이미지와 상상이 국가의 경계를 넘나들며 새로운 정체성을 형성하고 일상적 삶을 변화시키는 다양한 측면을 가지고 있음에 주목하였다. 아파두라이에 따르면, 전 지구화 과정에서 이루어지는 초국가적인 문화 흐름(global cultural flows)은 크게 다섯 가지 차원, 즉 민족지형(ethnoscapes)·기술지형(technoscapes)·금융지형(financescapes)·미디어지형(mediascapes)·이념지형(ideoscapes)에서의 흐름으로 구분된다. 이들 다섯 가지 지형들은 각각 사람(people)·기술(machinery)·자본(money)·이미지와 정보(images and information)·이데올로기 관념(ideological ideas)의 초국가적 상호교류 및 상호작용의 차원을 의미한다(정종호, 2013: 433-434). 이 중 여행자, 이민자, 이주노동자, 유학생들과 같은 인구의 이동과 재구성에 따라 이루어지는 상호작용의 영역인 '민족지형'에서 1992년 수교 이후 한중 양국 간에는 대규모의 인적 교류가 지속하여 왔다.

한중 양국 간 인적 교류는 1992년 수교 당시 13만 명에서 수교 20년인 2012년 690.6만 명을 기록하여 53배로 증가하였으며, 2016년에는 753.2만 명을 기록하여 58배로 증가하였다. 특히, 중국을 방

---

2) 한국수출입은행, 해외직접투자통계. http://www.koreaexim.go.kr.

문한 한국인 수는 1992년 수교 당시 43,234명에 불과하였으나, 2012
년 406만9,900명, 2016년 476만2,200명으로 증가하였다. 2016년의
경우 중국을 방문한 한국인(4,762,200명)은 해외를 방문한 전체 한
국인의 21.3%로, 일본(5,090,302명) 다음으로 가장 많았다. 이는 미
국과 공개된 주요 유럽국가(독일, 영국, 러시아) 관광객을 합친
2,661,892명보다 200만 명이 넘는 수치이다.[3] 특히 양국 간에는 활
발한 학생 교류가 있었다. 한국정부 통계에 따르면, 2017년 재한 중
국인 유학생은 68,184명으로 국내 외국 유학생 중 1위 국가였다.[4]
또한, 중국교육부 통계에 의하면, 2016년 재중(在中) 한국 유학생은
70,540명으로 한국 역시 전체 재중 유학생 중 1위 국가였다.[5]

2008년 미국발 금융위기에 따른 경제 여건 악화로 재중 한인의
수가 감소하기도 하였으나, 한국과 중국 경제가 상대적으로 빠르게
안정세를 보이면서 한국인의 중국진출이 다시 증가하고 있다. 이와
같은 민족지형에서의 한중 양국 간의 비약적인 인적교류 증가에 따
라, 중국 내 한국 영사관 수는 다롄 사무소를 포함하여 수교 20년
만인 2017년에 10개소로 증가하였는데,[6] 이는 1965년 수교한 일본
및 1882년 수교한 미국 내 한국 영사관 수와 같았다.

---

3) 한국관광공사, "국민해외관광객 주요 행선지 통계(2017년 11월 기준)." http://kto.visitkore
a.or.kr/kor/notice/data/statis/profit/board/view.kto?id=429013.

4) 2017년 국내 고등교육기관 외국인 유학생 현황. https://moe.go.kr/boardCnts/view.do?board
ID=350&boardSeq=72223&lev=0.

5) 2016年度我国来华留学生情况统计. http://www.moe.gov.cn/jyb_xwfb/xw_fbh/moe_2069/x
wfbh_2017n/xwfb_170301/170301_sjtj/201703/t20170301_297677.html.

6) 베이징, 광저우, 다롄, 상하이, 선양, 시안, 우한, 청뚜, 칭다오의 9개 지역과 홍콩.

<표 2-1> 중국 거주 한인 수, 2019년

(단위: 명)

	재외동포	재외국민				조선족
		소계	영주자	체류자		
				일반	유학생	
전국	2,442,417	288,945	291	236,677	51,977	2,153,472
화베이(华北)	250,053	75,976	0	55,237	20,739	174,077
베이징(北京)	95,383	53,443	0	36,660	16,783	41,940
톈진(天津)	58,554	20,556	0	17,276	3,280	37,998
허베이(河北)·산시(山西) 등	96,116	1,977	0	1,301	676	94,139
둥베이(东北)	1,635,856	28,346	0	24,754	3,592	1,607,510
랴오닝(辽宁)	255,775	16,238	0	15,139	1,099	239,537
지린(吉林)	1,047,227	7,060	0	5,860	1,200	1,040,167
헤이룽장(黑龙江)	332,854	5,048	0	3,755	1,293	327,806
화둥(华东)	377,992	120,988	288	99,193	21,507	257,004
상하이(上海)	76,872	32,030	182	21,197	10,651	44,842
장쑤(江苏)	39,626	16,511	84	12,182	4,245	23,115
저장(浙江)	16,613	6,922	17	2,916	3,989	9,691
안후이(安徽)	3,362	1,401	5	963	433	1,961
푸젠(福建)	3,798	1,641	0	1,518	123	2,157
장시(江西)	1,945	1,402	0	1,290	112	543
산둥(山东)	235,776	61,081	0	59,127	1,954	174,695
중난(中南)	161,887	53,616	0	49,341	4,275	108,271
허난(河南)	2,213	756	0	364	392	1,457
후베이(湖北)	3,992	2,032	0	901	1,131	1,960
후난(湖南)	1,668	488	0	220	268	1,180
광둥(广东)	149,208	49,208	0	46,988	2,220	100,000
광시(广西)좡족자치구	3,409	708	0	606	102	2,701
하이난(海南)	1,397	424	0	262	162	973
시난(西南)	8,960	5,630	2	4,933	695	3,330
충칭(重庆)	3,400	2,200	0	2,000	200	1,200
쓰촨(四川)	3,950	2,500	2	2,248	250	1,450
구이저우(贵州)	160	130	0	85	45	30
윈난(云南)	1,450	800	0	600	200	650
시베이(西北)	7,669	4,389	1	3,219	1,169	3,280
산시(陕西)	5,829	4,220	0	3,110	1,110	1,609
간쑤(甘肃)	1,331	107	1	57	49	1,224
닝샤(宁夏)회족자치구	509	62	0	52	10	447

주: 1) 2018년 12월 31일 기준 통계.
2) 주중국대한민국대사관 담당 지역인 허베이(河北)·산시(山西)·네이멍구(内蒙古)·칭하이(青海)·신장(新疆)·티베트(西藏).
3) 전국 조선족 인구 2,153,472명은, 2010년 인구센서스 결과 1,830,929명을 고려할 때 최소 322,543명이 중복집계된 것으로 여겨진다. 즉, 중국 내 한인 인구는 재외국민 288,945명과 인구센서스 상 조선족 인구 1,830,929명을 합한 2,119,874명으로 파악할 수 있다.
자료: 외교부, 『재외동포현황 2019』, pp. 66-75. 설동훈 계산.

한중 수교 이후 한국인들의 중국 내 이주와 정착은 중국 내 다양한 지역에서 이루어졌다. 외교부의 『재외동포현황 2019』의 자료를 이용하여 계산하면, 2018년 말 중국 거주 한인은 2,119,874명이다. <표 2-1>에서 보듯이, 외국국적동포(조선족) 수는 1,830,929명, 재외국민의 수는 288,945명이다. 이 중 일반체류자는 236,677명이고, 유학생은 51,977명이다. 중국에서 영주권을 가진 한국인 수는 고작 291명에 불과하다. 한국 정부의 통계자료는 중국의 공안부, 통계국, 교육부, 지역별 한국인회, 지역별 조선족단체, 재외국민등록부 등의 통계에 근거한 추정치라는 한계를 가지고 있다. 그럼에도 불구하고, 재중한국인 및 중국국적 조선족이 어느 지역에 밀집해서 거주하고 있는지를 보여주는 중요한 자료이다. 중국 내 한국국적자, 즉 재외국민의 지역별 분포를 보면, 산둥(山东) 61,081명, 베이징(北京) 53,443명, 광둥(广东) 49,208명, 상하이(上海) 32,030명, 톈진(天津) 20,556명, 랴오닝(辽宁) 16,238명, 장쑤(江苏) 16,511명 등의 순으로 나타났다. 전국에 골고루 분포하는 것이 아니라 특정 지역에 몰려 있음을 알 수 있다.

중국의 부상과 함께 중국을 방문하는 외국인의 증가는 비단 한국인만의 현상은 아니다. 그러나 민족지형에서의 한국인의 특수성은 다른 외국인과는 달리 중국의 주요 도시에 한국인 집중 거주지역이라는 새로운 공간을 형성하고 있다는 사실에 있다. 베이징, 상하이, 광저우 등과 같은 대도시는 물론, 한국과 지리적으로 가깝고 역사적으로 인연이 깊은 중국의 산둥성 지역에도 한국인들의 진출로 인해 한인타운이 형성되고 있다. 베이징의 왕징 및 우다오커우(五道口), 상하이의 구베이(古北), 선양의 시타(西塔), 산둥성 칭다오의 청양구

(城阳区) 등이 대표적 한인타운이 만들어진 지역이다. 물론, 다른 외국인들도 중국 내에 그들만이 집중적으로 거주하는 지역을 만들기도 한다. 예를 들어 베이징의 경우, 독일인들은 캠핀스키 호텔 주변에 그들만의 집중적인 거주지역을 형성하기도 하였다. 그러나 이들 지역은 거주자 간의 유기적인 관계가 빠진 단순 집중 공간인 데 반하여, 한인타운은 민족경제(ethnic economy)가 중심이 되는 초국가적 민족 공동체(transnational ethnic community)로 발전되어 있다는 점에서, 다른 재중 외국인들과 구별되는 재중한국인 사회의 특징을 잘 보여주고 있다(Jeong, 2012: 80).[7]

왕징은 베이징시 차오양구(朝阳区)의 동북부에 있는 왕징가도(望京街道) 및 그 주변 관할 지역을 의미하며, 총면적은 10.36㎢에 달한다. 북쪽으로는 베이징시의 외곽순환도로인 5환로, 남쪽으로는 4환로와 인접하고 있고, 동쪽으로는 베이징 서우두국제공항(首都国际机场)으로 연결된 고속도로, 서쪽으로는 징청(京承)고속도로로 이어져 있어 교통 요지에 있다. 왕징지역의 행정조직인 왕징가도판사처(望京街道办事处)는 2000년 6월에 설립되었는데, 22개의 사구거민위원회(社区居委会)를 포함하고 있으며, 2017년 2월 등록된 왕징 호구 인구는 약 26만 명이었다.[8] 이 장에서는 베이징시 정부의 왕징 개발과 왕징 한인타운의 형성 및 변화과정을 살펴보기로 한다.

---

7) 대만인도 중국의 주요 도시에 민족경제(ethnic economy)가 중심이 되는 초국가적 민족 공동체(transnational ethnic community)인 그들만의 집중 거주지를 형성하고 있다(耿曙, 2002; 耿曙·林宗盛, 2005; 王宏仁·蔡承宏, 2007; 王茹, 2007). 그러나 대만인은 중국인과 민족이 다르지 않다고 볼 수 있는 만큼, 순수 외국인으로는 한국인의 집중 거주 형태가 매우 특수한 것으로 평가할 수 있다.

8) 望京街道办事处, 『望京街道简介』 2017.2.16. http://wjjd.bjchy.gov.cn/sub/news/63935/3241.htm.

II. 왕징 개발과 '왕징 한인타운'의 형성, 1993-2002년

왕징은 요나라 시대 수도(都城)인 중경(中京)을 바라보는 곳에 있는 '왕징관'(望京馆)이 설립되면서 유래되었는데, 명나라 시기까지 존재하였던 왕징둔(望京墩)은 수도 방어의 주요 요새였다. 명나라 시기 이래 왕징은 북소하(北小河)를 기점으로 2,000여 명이 거주하였던 동편의 "대(大)왕징," 700여 명이 거주하였던 서편의 "소(小)왕징"으로 나뉘었다(杨冠军, 2006: 50).

오늘날의 번화한 모습과는 달리, 30년 전만 해도 왕징 지역은 황량하고 보잘 것 없는 지역이었다. 개혁·개방 직후인 1980년대 초기 왕징 지역은 중국사회과학원연구생원(中国社会科学院研究生院), 베이징청년정치학원(北京青年政治学院), 베이징중의학원(北京中医学院) 등 일부 학원 구역을 제외하고는 대부분 농지와 농민들이 사는 허술한 단층집(平房)으로 구성되어 있었다. 당시 이 지역은 산초나무(花椒, 화쟈오)를 심은 농지가 많았기에 '화쟈오디'(花椒地)로 불리다가, 1988년 초 산초나무 땅이 개간되어 주택단지가 이 지역에 처음으로 건립되면서 '화쟈오디'(花椒地)와 발음이 비슷한 '화쟈디'(花家地)로 불리게 되었다. 이후 중앙미술학원(中央美术学院)의 이전과 함께 미술가들이 이 지역에 모여들면서 '화쟈디'(画家地)로도 불리게 되었다(中国社会科学院, 2008: 4).

왕징 지역은 1990년대 초부터 베이징시의 종합적인 도시계획의 일환으로써 개발되기 시작하였다. 당시 베이징시정부(北京市人民政府)는 왕징 지역을 신흥 중산층의 거주지역으로 개발하였다. 1978년 개혁·개방 이후 1980년대에 이르면서 주택 임대 시장이 형성되기 시작하였고 왕징 뉴타운이 건설된 1990년대 중반에 이르면 활성화되는 단계에 이르렀기 때문에, 주택수요는 충분하였다. 베이징시정부는 서우두국제공항 인근에 국제도시를 건설함으로써 국제적인 기능을 수행함과 동시에, 증가하는 주택수요에 대비하고자 했다. 왕징 뉴타운 아파트가 건설되던 중인 1994년 아파트 매매가 허용되었고,[9] 임대가 활성화되었기 때문에 왕징에 아파트를 소유하려는 사람들이 많았다.

도시건설을 정부가 주도하였다는 점에서는 왕징과 한국 1기 신도시(분당·일산·평촌·산본·중동)가 같지만, 한국과 달리 왕징은 준공 후 분양하였고, 민간건설회사가 아닌 국영기업이 건설하였다는 점이 다르다. 왕징 뉴타운은 베이징시정부에서 계획적으로 개발하였고 학교와 편의시설을 모두 갖추고 있었기 때문에 분양 초기부터 관심을 끌었다(徐蔭培·王文閣. 1994: 23). 개혁·개방 이후 부를 축적한 자영업자와 새로운 아파트 문화를 선호하는 사람들이 대거 몰렸다. 국제공항에 가깝고 중심업무지구(central business district: CBD) 접근성이 높으며, 외국인을 위한 국제환경 시스템이 갖추어져 있었기 때문에, 투자에 대한 기대심리를 갖게 하였다. 그러나 당시까지만 해도 왕징은 베이징 변두리에 있었고 교통 또한 불편하였기 때문에, 많은 구매자가 직접 거주보다는 임대를 목적으로 하였다. 그러므로 이를 연결해주는 부동산 중개업이 활성화되었다. 이는 이후 왕징이 번성하는 계기로 작용하였다.

1996년 왕징 뉴타운(望京新城) 1기 주민들이 입주하였는데, 그

---

9) 1994년 '국무원의 도시주택 제도 개혁에 관한 결정'(国务院关于深化城鎭住房制度改革的决定)을 통해 주택 매매를 허용하였다.

이듬해인 1997년경부터 한국인 유학생, 주재원, 자영업자와 그 가족들의 거주가 증가하면서 왕징 지역은 베이징의 대표적인 한인타운(韓国城)으로 자리매김하였다. 이처럼 1990년대 후반 이후 왕징 지역에 대표적인 한인타운이 형성될 수 있었던 데에는 다양한 요인이 존재한다. 첫째, 왕징 지역이 가진 편의성이다. 왕징 지역은 베이징 서우두국제공항에 인접해 있다는 지리적 편리성을 확보하고 있을 뿐만 아니라, 아파트 문화에 익숙한 한국인들에게 매우 편리한 거주지를 제공하였다. 특히 왕징 지역의 상대적으로 저렴하면서도 고급화된 주거시설은 외국인이라는 신분으로 인해 거주지 선정에 있어서 매우 제한적인 상황에 있었던 한국인들에게 이상적인 거주환경을 제공함으로써, 왕징 지역을 이른 시일 안에 베이징 한인들이 가장 선호하는 거주지역으로 만들었다. 예를 들어 같은 면적의 2인실 주택의 경우, 당시 외국인 거주가 공식적으로 허용되었던 야윈촌(亚运村) 외국인 거주 아파트는 월세가 2,000달러에 달하였지만, 왕징 지역에 건설된 뉴타운 아파트는 2,000위안(약 240달러)에 불과하였다(吴军, 2006: 22). 따라서 야윈촌이나 주중대한민국대사관 인근 지역 등 거주비가 비싼 외국인 거주 허가 지역에 살던 많은 한국인이 집값이 상대적으로 저렴한 왕징 지역으로 이주를 하였다.

둘째, 베이징시의 정책 역시 중요한 작용을 하였다. 1997년 아시아 금융위기의 발생과 함께 베이징시는 외국인에 대한 집중적인 관리를 하였는데, 이에 따라 베이징 시내, 특히 우다오커우(五道口) 지역의 한인타운이 강제로 철거되는 일이 발생하였다. 우다오커우 지역의 한인타운 강제철거는 우다오커우 지역에 살던 한인들이 왕징 뉴타운 인근으로 이주하게 되는 중요한 계기가 되었다(예동근, 2009: 52-53).

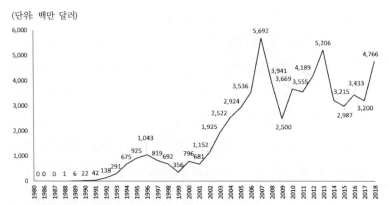

(단위: 백만 달러)

자료: 한국수출입은행. https://stats.koreaexim.go.kr/sub/countryStatistics.do.

[그림 2-1] 한국의 대중국 투자금액, 1980-2018년

셋째, 한국인의 중국진출이다. 1997년 밀어닥친 외환위기의 여파로 1998-2001년 한국의 대중국 투자금액은 급격히 줄었으나, 2002년에는 11억5천2백만 달러로 상승하여 1996년 수준을 능가할 정도로 회복하였다[그림 2-1]. 위안 대비 원 환율은 1998년 204.82원까지 치솟았으나, 1999년 130.33원으로 안정되었다[그림 2-2]. 왕징 거주 한국인의 유입 규모 역시 2000년대 들어 다시 증가하기 시작하였다. 특히, 외환위기로 명예퇴직하거나 경제적 어려움을 겪게 된 많은 한국인이 자신의 역경을 극복하고 새로운 삶을 시작하기 위하여 베이징에 진출하였다. <표 2-2>에서 베이징 거주 한인 인구의 추이를 보면, 1997년 베이징 거주 한국인 수는 8,748명이었고, 1999년에는 10,000명이었다. 즉, 외환위기 당시에도 베이징 한국인 수는 줄지 않았으며, 한국경제가 외환위기의 충격에서 벗어나기 시작한 2001년에는 40,600명으로 급증하였다. 그들 중 상당수가 편리하고 풍부한 주거환경을 제공할 뿐만 아니라 당시 한국에서의

거주 비용과 비교해 볼 때 상대적으로 저렴한 거주 비용이 요구되는 왕징 지역을 선택하면서 왕징 지역이 베이징의 대표적인 한인 타운으로 형성되었다(马晓燕, 2011: 9).

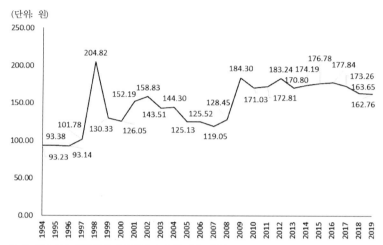

주: 각 연도 최초 고시 금액. '1회차 환율 우선' 매매 기준율.
자료: 신한은행. https://bank.shinhan.com/index.jsp#020501010200.

[그림 2-2] 위안 대비 원 환율, 1994-2019년

당시까지만 해도 외국인의 부동산 소유는 공식적으로 허용되지 않았다. 그러나 편법으로 계약서 등을 체계적으로 작성할 경우 실질적으로 소유권을 보장받을 수 있는 장치가 있었으므로, 주택을 구매하는 사례도 점차 증가하였다. 월세, 매매 등의 형태로 왕징 뉴타운에 거주하는 한국인을 포함한 외국인들이 증가하면서, 이들을 대상으로 한 음식점, 휴대폰가게, 비디오가게, 여행사, 호텔, 안마업소 등 사업체가 증가하였다. '한인 대상 사업체'(ethnic business)가 만들어지기 시작하였고, 그것은 '한인 밀집거주지역'이 만들어지는 기본 역

할을 하였다. 한국인들이 증가하면서 음식점, 대형 슈퍼마켓 등 편
의시설이 잘 갖추어졌고, 그것은 한인 입주자를 추가로 끌어들이는
요인이 되었다.

<표 2-2> 베이징 거주 한인 수, 1995-2019년

(단위: 명)

| 연도 | 재외동포 | 재외국민 | | | | 조선족 |
| | | 소계 | 영주자 | 체류자 | | |
				일반	유학생	
1995	11,848	4,159	0	1,638	2,521	7,689
1997	16,437	8,748	0	2,209	6,539	7,689
1999	80,000	10,000	0	4,700	5,300	70,000
2001	99,900	40,600	0	29,900	10,700	59,300
2003	63,400	43,000	0	30,000	13,000	20,400
2005	100,000	60,000	0	50,000	10,000	40,000
2007	140,000	100,000	0	70,000	30,000	40,000
2009	87,542	67,173	0	46,064	21,109	20,369
2011	197,600	77,600	0	57,600	20,000	120,000
2013	167,475	74,025	0	54,652	19,373	93,450
2015	124,858	68,788	0	51,557	17,231	56,070
2017	117,042	66,579	0	48,833	17,746	50,463
2019	95,383	53,443	0	36,660	16,783	41,940

주: 1) 조사기준 시점은 전 연도.
　　2) 2001년은 '베이징·톈진' 통계.
　　3) 2001년 이전: 일반체류자 = 체류자 − 대학생.
자료: 외교부, 『재외동포현황』, 각 연도.

한편, 한국인들의 유입이 증가하면서 왕징 지역으로 진입하는 조
선족 역시 증가하였다. 초기 왕징에 유입된 조선족들은 한국인 기업
과 자영업자에 고용된 직원들이었다. 그들은 단신으로 이주하였고,
일정 기간이 지나 생활이 안정되면서 가족을 데리고 와서 거주하였
다. 동북3성을 떠나 베이징에 거주하였지만, 그들은 베이징 호구가
없었기 때문에 유동인구로 생활하였다. 그 인원은 한국인의 약 20%
정도에 머물러 있었다. 부를 축적한 조선족 중 일부는, '5년 이상 사

회보험료를 내면 호구를 얻을 수 있는 정책'에 의해 베이징 호구를 취득하기도 하였다.

이상과 같이 지리적 편리함과 상대적으로 저렴하면서도 고급화된 주거시설로 대표되는 왕징 지역의 편의성, 베이징시의 외국인 거주 정책의 변화, 그리고 한국에 닥친 경제 위기로 인한 한국인의 베이징 진출 등으로 인해 1990년대 후반 이후 한인 거주지역으로 형성된 왕징 한인타운은, 세계무역기구 가입 이후 더욱 가속화된 중국경제의 성장과 다양한 영역에 걸친 한중관계의 심화와 함께 한국에서 '중국열'(中国热)이 확산하면서 베이징으로 이주하는 한국인의 꾸준한 증가로 인해 가장 대표적인 재중 한인타운으로 발전하였다.

Ⅲ. '왕징 한인타운'의 성장, 2003-2007년

베이징시의 도시발전계획에 따라 지하철, 고속도로 및 사회간접자본 시설의 확충과 함께 2002년 말 지하철 13호선이 개통되면서 왕징과 베이징시 중심부와의 연결은 더욱 간편해지고 동시에 중국의 투자환경 역시 개선되면서, 지멘스, 네슬레, LG, 삼성, Ericsson, 모토로라, 벤츠, BMW, Microsoft 등 초국적 기업의 지역본부 또는 지사가 왕징에 입주하였다(정종호, 2013: 442; 周雯婷·刘云剛·全志英, 2016: 655-656). [그림 2-1]에서 보듯이, 한국의 대중국 투자금액은 2003-2007년 급증하였다. 2007년 한국의 대중국 투자금액은 56억9천2백만 달러로 최고 수준을 기록하였다. 또한, [그림 2-2]에서 확인할 수 있듯이, 위안 대비 원 환율은 119.05원으로 1998년 외환위기 이후 가장 낮았다.

한편 2003년 이후 제2차 왕징 개발 성과로 더욱 고급화·고층화·상업화된 건물들이 왕징에 들어서기 시작하였다. 이 시기 왕징서원(望京西园) 3구(三区)와 4구(四区)는 한국인의 생활 습관에 의거한 난방시설을 설치하는 등 기초설비 측면에서 한국인들이 입주하기 좋은 조건을 형성하였다. 이러한 분위기를 타고, 한국인 투자자, 창업자 및 가족들이 왕징서원 3구와 4구에 입주하였고, 또한 베이징에 있는 외교관, 한국계 기업 주재원 등 구매력을 갖춘 한국인들이 자녀 교육과 편리한 시설 활용을 위해 왕징으로 거주하면서 왕징 한인 커뮤니티가 더욱 활성화되었다.

한국인들의 증가에 따라 왕징 지역 내 한국과 관련된 산업들이 발전하기 시작하였다. 이 시기 왕징 지역에는 한국인 유치원, 한국인 병원, 상점, 세탁소, 음식점 등의 한국 생활권이 형성되었으며, 한국인의 입맛에 맞는 음식점과 휴대폰가게, 비디오가게, 여행사, 호텔 등 한국인을 위한 업소들이 크게 증가하였다. ① 안락한 생활(편의시설 밀집), ② 저렴한 주거비, ③ 낮은 물가(음식 가격, 개인 서비스 요금)는 왕징에서 생활하는 사람들의 만족도를 높였을 뿐만 아니라, 주변에 있는 한국인들까지 불러들이는 효과를 낳았다. 한국어로 의사소통할 수 있고 소비시설까지 갖추어지면서 베이징시에 거주하는 한국인들도 왕징을 찾아 '베이징 내 한국문화'를 즐겼고, 이러한 현상은 주택·상가에 직접 투자하는 한국인의 증가로 이어졌다.

'컨더지'(肯德基 KFC)가 입주해 있는 '왕징한국성'(望京韩国城)은 한국인들의 대표적인 모임 장소가 되기도 하였다. 자금성과 만리장성을 관광하는 것 이상으로 왕징생활을 즐기는 사람까지 등장하면서 왕징 한인타운은 큰 호황기를 맞았다. 결국, 왕징은 '한국인 전용 업소'와 '한인 집거지역'이 결합한 형태로 발전되었고, 왕징 주민은 선진국 수준의 생활환경까지 누릴 수 있었다. 그러면서 유학생, 자영업자 등 다양한 집단의 한국인들이 점차 왕징으로 이주하게 되었다. 왕징 지역의 한국인 수는 2007년까지 지속적인 증가추세를 보였다. <표 2-2>에서 베이징 거주 한국인 수를 보면, 2003년 43,000명, 2005년 60,000명, 2007년 100,000명으로 급증하였고, 조선족 수는 2003년 20,400명에서 2005년 40,000명으로 증가하여 그 수준을 유지하였다. 베이징에 거주하는 한국인 수는 2007년에 최고 수준에 달하였는데, 이 중 상당수가 왕징에 진입하였다.

조선족과 일부 한국인이 뛰어든 부동산 시장은 부동산 경기가 활성화됨에 따라 보다 대형화되고 확장되었다. 인테리어업자와 동업하던 구조에서 자신이 인테리어 직원을 채용한 후 원스톱 서비스를 진행하는 부동산관리회사로 발전하였다.[10] 자본을 축적한 조선족들 사이에서는 아파트를 직접 매입한 후 여러 개의 방을 만들어 임대하는 업자도 나타났고, 새로운 구매자를 위해 종합 인테리어를 추진하는 사람도 등장하였다. 주변에 있는 외국인들과 중국인들까지 '한국 문화'를 즐기기 시작하면서, 왕징은 더욱 더 빠르게 발전하였다[그림 2-3 참조]. 알리바바 등 중국 대기업이 왕징에 들어오면서, 중국인 주민뿐 아니라 외국인 주민도 많이 늘어나 왕징은 국제도시의 면모를 갖추게 되었다.

---

10) N씨 (40대. 남, 한국인 부동산중개업체 사장) 인터뷰 내용. 2010.7.22.

자료: http://www.onbao.com

[그림 2-3] 왕징의 주요 한인업소, 2007년

Ⅳ. '왕징 한인타운'의 재편, 2008년 이후

2008년부터 왕징의 한국인 수는 점차 감소하였다. 2008년 시작된 글로벌 금융위기는 한국 원화의 가치를 폭락시켰다. [그림 2-1]에서 보듯이, 중국 위안화는 금융위기 이전 1위안에 130원에도 미달하였으나 금융위기 이후 180원을 초과할 정도로 가치가 상승하였는데, 이는 한국 원화 가치의 폭락을 의미했다. 한편, 왕징 부동산 가격은 2008년까지 주춤하였지만 2009년 경기가 되살아나면서 반등하여, 왕징 내 일부 지역의 경우 주택가격이 2배 수준으로 상승하였다. 이 당시 많은 한국인이 아파트 가격이 고점에 도달한 것으로 판단하고 매도한 데 반해 일부 조선족을 포함한 중국인들은 계속하여 아파트를 소유하였는데, 왕징 지역 부동산 가격이 지속해서 상승하면서 이들이 왕징을 떠난 한국인을 대신하여 새로운 부유층을 형성하였다. 즉 왕징의 아파트 가격이 2009년부터 2013-2014년까지 폭등하였는데, 이 시기 많은 한국인들이 왕징을 떠나거나 약간 수익을 남긴 정도에서 왕징의 아파트를 매각한 반면 조선족을 포함한 중국인들은 왕징 지역 부동산 소유를 통해 큰 부자가 되었다. 이러한 과정에서 부를 축적한 일부 조선족들이 한국인이 경영하던 파산 업체를 인수하거나 부동산관리회사 등 새로운 사업영역을 개척함으로써, 성공한 조선족 기업가로 성장하였다. 어쨌든, 글로벌 금융위기 이후 한국 원화의 하락과 왕징 지역 아파트 가격의 지속적인 상승은 한국인들의 베이징 내 생활을 어렵게 만드는 중요한 요인이 되었다. 그 외에도 2008년 실시된 새로운 '노동계약법'(劳动合同法)으로 인해 한국 기업들의 직원 고용 비용이 더욱 늘어나게 되자 많은 한국기업들이 중국에서 벗어나거나 고용 인원을 감축시키는 등의 방식으로 대처하였다(周雯婷·刘云剛·全志英, 2016: 656).

이러한 여파로 인해 왕징에 거주하던 상당수 한국인이 왕징 지역을 떠나 베이징의 주센챠오(酒仙桥)·사오야오쥐(芍药居)·라이광잉(来广营) 등 임대료가 저렴한 지역, 또는 허베이성(河北省) 옌쟈오(燕郊) 등 다른 지역으로 이주하거나, 아예 한국으로 귀국하였다. 그 결과 왕징 지역 한국인의 수는 많이 감소하였다.[11] <표 2-2>에서 베이징 거주 한국인 수를 보면, 2009년 67,173명으로 2007년보다 크게 줄었고, 2011년 77,600명으로 일시적으로 증가하였으나, 2013년 74,025명으로 감소한 이후, 2015년에는 68,788명으로 크게 줄었다.

더욱이, 2016년 한국 내 '고고도 미사일 방어 체계'(Terminal High Altitude Area Defense: THAAD) 배치로 불거진 한중간의 어색한 관계는 중국에 거주하는 한국인과 한국기업에 커다란 상흔을 남겼다. 소방법을 문제 삼은 베이징시정부에 의해 롯데마트(乐天玛特) 영업장이 폐쇄되었고,[12] 베이징 시내 한인업소들은 규제 대상이 되었다. '베이징현대기차유한공사'(北京现代汽车有限公司; 베이징 현대)도 예외가 아니었다. 베이징 현대는 2014년에는 112만대를 판매했으며, 2016년에는 180만대를 판매하는 등 성장세를 보였으나, 고고도 미

---

11) 2010년 7월 조사 당시에는 한국인의 왕징으로의 유입이 다시 증가하는 추세임을 확인하였다. 이는 차오양구(朝阳区)의 2009년 통계자료에서도 알 수 있는데, 등록인구만을 보더라도 2008년 11월까지 등록한 왕징 지역 한국인 수는 12,489인, 금융위기가 본격적으로 영향을 미친 2009년 2월에는 7,027인으로서 등록인구로만 볼 때도 43.7%가 감소하였으나, 2009년 춘절 이후 다시 한국인 등록인구가 증가하기 시작하여 2009년 3월에는 12,023인, 4월에는 13,262인으로서 2009년 2월과 비교해 88.7% 증가하였다. 이러한 반등은 일시적이었고, 그 이후 한국인 수는 지속해서 감소하였다.

12) 롯데그룹의 경북 성주골프장이 사드 부지로 선정된 것에 대한 보복으로, 중국 정부는 2016년 11월 18일 현지에 진출한 롯데 계열사의 전 사업장에 대해 세무조사와 소방·위생점검, 안전점검에 일제히 나섰다.

사일 방어 체계배치로 인해 중국에서 '한한령'(限韓令)을 내렸던 2017
년에는 판매량이 대폭 감소하였고 공장 가동을 중단하기도 했다. 베
이징 순이구(順义区)에 위치한 제1공장의 경우 자동차 제조공정에
서 나타나는 환경 문제를 중국 정부에서 지속해서 제기하자 2019년
급기야 공장을 폐쇄하였다.[13) 그 결과 왕징에 거주하던 현대자동차
직원뿐 아니라 그 하청업체 직원과 가족까지 왕징에서 철수하였다.
이에 더하여 삼성과 LG 등 한국을 대표하는 기업들이 중국 내 판매
부진을 이유로 철수하면서, 왕징의 한국인 주민 수가 급격히 줄어들
었다. 베이징 거주 한국인 수는 2017년 66,569명으로 줄었고, 2019
년에는 53,443명으로 많이 감소하였다<표 2-1 참조>.

베이징시정부는 가로(街路) 정비를 이유로 한글 간판을 철거하였
다. 베이징 도시 한복판에 있던 삼성 광고 간판이 하루아침에 사라
졌고, 왕징의 대로변 한글 간판도 모두 제거되었다[그림 2-4 참조].
한국인들의 모임 장소로 이용되던 '한국성'과 '교문호텔'(北京教文大
酒店)의 한글 간판도 이 시기에 철거되었다. 그 결과 왕징의 대로변
에서는 한글 간판을 찾아볼 수 없게 되었다.[14) 이러한 현상은 왕징
의 '한국문화'를 빠르게 퇴조시키는 요인으로 작용하였다. 한국인과
한글 간판으로 넘쳐나던 왕징의 번화가가 한국인들의 이출과 간판
의 철거로 이어지면서 그 활기를 잃어갔다. 요컨대, 중국 정부의 규
제와 중국인들의 한국제품 불매운동이 겹치면서 왕징 거주 한국인
들이 철수하게 되었고, 그 결과 한국인을 상대로 한 한국 상점과 식
당들이 타격을 받게 되면서 왕징 한인타운은 급속히 쇠락하였다.

---

13) "베이징 현대차 가동중단 예고에 中 교민사회 '패닉'… '미래 안 보여': 시한부 가동중단' 예
고 현대차 베이징 1 공장·주변 표정." http://news.kmib.co.kr/article/view.asp?arcid=0924070311.
14) 아파트 내 상가에는 한글 간판이 더러 남아 있다[그림 2-5 참조].

(가) 왕징서원3구

(나) 왕징서원4구

주: 2019년 8월 3일 촬영.

[그림 2-4] 왕징의 대로변 한글 간판 철거 흔적, 2019년

(가) 한인 식당

(나) 한인 민박

주: 2019년 8월 3일 촬영.

[그림 2-5] 왕징의 아파트단지 내 한글 간판, 2019년

한편, 베이징 차오양구(朝阳区)는 2014년 왕징에 IT기업 유치를 장려하는 정책을 전개하였고, 2017년에는 국제화를 강력하게 추진하는 등의 정책을 발표하였다. 이는 한국인 이외 외국인의 왕징 진입을 촉진하였다. 그러나 왕징에는 다수의 한국인이 여전히 거주하고 있고, 한인 대상 업소가 여전히 영업하고 있다. 한인 고객에만 의존하던 영세 음식점, 미용실 등 서비스업체들은 도산하였으나, 중국인 고객을 유치하던 업체는 여전히 성황리에 영업을 지속하고 있다. 왕징에 남아 있는 한국인들은 중국인의 '반한 감정'을 유발하지 않기 위해 노력하며 살아가고 있다. 왕징 코리아타운 중심이 '한국성'에서 '교문호텔'로 옮겨진 것도 자연스러운 흐름이라기보다는 왕징 한인타운의 재편을 보여주는 상징적 사례라 할 수 있다.

V. 소결

왕징에 한인타운이 형성될 수 있었던 것은 왕징이 가진 다양한 장점 때문이었다. 먼저, 기초 인프라의 지속적인 개선이 있었다. 특히 2003년 베이징시의 지도자들이 왕징을 몇 차례 시찰한 이후 왕징 지역의 교통, 주택, 상업지구 등 일련의 지역 기본 인프라가 크게 개선되었다. 오늘날 왕징의 주요 주거단지와 상업지구 내부의 상점, 음식점 등에는 중국어와 한국어 2개의 언어로 표기하는 경우가 흔하며, 특히 왕징 관할 정부는 한국어를 할 수 있는 지역 경찰을 배치하는 등 한국인들을 위한 일상생활 관리에 매우 신경을 쓰고 있다. 왕징 지역의 한국인을 위한 배려는 한인타운의 발전에 큰 영향을 주었다.

두 번째로, 왕징의 지역적 위치 역시 왕징의 또 다른 장점이다. 왕징의 동남부지역은 중심업무지구와 연결되어 있고, 서남쪽은 금융가와 마주하고 있으며, 북쪽에는 야원춘, 서쪽에는 중관춘과 인접해 있다. 또한 징청(京承)고속도로, 사환(四环), 오환(五环) 및 공항 고속도로와 연결되어 있어 교통편이 매우 편리하다. 그 외에도 왕징은 인근에 싼위엔챠오 궈먼 상업권(三元桥国门商务圈), 리두상권(丽都商圈), 옌사상권(燕莎商圈) 등의 다양한 상권이 존재한다는 이점을 가지고 있다. 이러한 지리적인 이점으로 인해 최근 세계 500대 기업 중 상당수가 왕징 지역에 중국 지사를 설립하는 등 왕징은 베이징의 명실상부한 '부도심'(副都心)지역으로 발돋움하고 있다.

세 번째로, 왕징 지역의 우수한 교육자원을 들 수 있다. 왕징지역에는 베이징청년정치학원(北京青年政治学院), 중앙미술학원(中央美术学院), 중국사회과학원연구생원(中国社会科学院研究生院) 등 우수한 대학들이 존재한다. 그에 따라 중국어를 배우거나 중국에서 학위를 취득하기를 원하는 많은 한국인이 왕징에 있는 여러 학교 인근에 거주지를 마련하게 되었는데, 이 또한 왕징 한인타운 형성에 이바지한 것이다.

물론 한국의 경제적 상황의 변화는 왕징 한인타운 발전의 매우 중요한 요인이었다. 많은 한국인이 베이징 왕징에 진출하게 된 주요 요인 중 하나가 1990년대 말 아시아 외환위기 등 국내의 경제적 어려움을 타개하려는 방편이었으며, 왕징 한인타운 침체의 주요 원인 역시 2008년 금융위기 이후 찾아온 한국의 경기침체였다. 이처럼 왕징 한인타운의 발전과 쇠퇴는 한국의 경제적 상황의 변화와 밀접한 관계를 지니고 있다.

그러나 무엇보다도 한중 양국관계의 변화는 왕징 한인타운의 형성과 발전에 지속적으로 그리고 가장 결정적으로 영향을 끼쳐왔다. 한중 수교는 한국인들이 중국에 진출하는데 결정적인 작용을 하였고, 이후 이어진 한중관계의 개선과 발전 및 경제적 상호의존의 심화 역시 왕징 한인타운 발전에 이바지하였다. 국교 수립 이후 양국 간의 관계는 우호협력관계(友好合作关系)에서 협력동반자관계(合作伙伴关系), 전면적 협력동반자관계(全面合作伙伴关系)로 점차 발전해왔으며 특히 2008년에는 전략적 협력동반자관계(战略合作伙伴关系)로 발전하였다. 그에 따라 많은 한국계 기업들이 중국에 진출하였고, 왕징지역에 집중적으로 모이게 되었다(张磊, 2015: 16). 그러나 2016년 이후 고고도 미사일 방어 체계 갈등을 통해 다수의 한국기업이 문을 닫았으며 현대자동차의 경제적 타격과 롯데마트의 철수는 왕징 교민사회의 사회적·경제적 위축을 초래하였다. 한중관계의 변화와 발전은 왕징 한인타운의 형성·성장·재편에 긍정적 또는 부정적 효과를 미치고 있다.

제3장

왕징 한인타운의 사회구조

오늘날 왕징 한인타운은 주재원, 자영업자, 유학생, 전문직 및 그들의 가족 등 다양한 배경을 가진 한국인들로 구성되어 있으며, 한국인 외에도 조선족, 한족 중국인, 그리고 한국인 이외의 외국인 등 다양한 집단들이 같이 거주하고 있다. 그에 따라 왕징 한인타운의 한국인들은 다양한 집단과 다양한 방식으로 상호작용하고 있으며, 이들과의 관계 역시 한인타운의 동학을 이해하는 데 매우 중요한 요인이 되고 있다. 동시에 왕징 한인타운의 한국인들은 중국 내에서 자신의 이익을 보호하기 위해 다양한 한인 사회 조직을 형성하고 있다. 이처럼 왕징 한인타운의 한국인들은 다양한 방식으로 중국 사회 내부에서 다양한 주체와 상호작용하면서 활동하고 있다.

I. 민족 구성

한국인에게 왕징은 베이징 한인타운으로 알려져 있으나, 왕징은 실제로는 중국 내 다양한 민족은 물론 세계 각국의 다양한 구성원이 모여 사는 국제화된 공간이다. 물론 그중에서도 가장 중요한 왕징의 인구집단은 한족 중국인, 조선족, 그리고 한국인이다. 왕징가도판사처(望京街道辦事處)에 따르면, 2017년 2월 등록인구 기준 왕징 총인구 26만 명 중 중국인이 21만 명, 유동인구 5만 명 중 3만 명 정도가 외국인이며 이 중 84%가 한국인으로 집계되었다.[1]

---

1) 望京街道辦事處, 『望京街道簡介』 2017.2.16. http://wjjd.bjchy.gov.cn/sub/news/63935/3241.htm; 徐穎, 『韓國人在望京』, 2017.12.21, 瞭望東方周刊, http://www.lwdf.cn/article_3966_1.html.

1. 한국인

왕징 지역의 한국인은 주재원, 자영업자, 유학생, 전문직종사자, 외교관, 그리고 그들의 가족 등으로 다양하게 구성되어 있다. 2013년 실시된 설문조사 결과에 따르면, 왕징에 한국인이 모여 사는 이유는, "취업정보, 고충해결 등을 해결해주는 단체나 업체들이 있기 때문이다"(33.3%)와 "교통이 편리하고 직장과 가깝기 때문에 모여드는 것 같다"(25.9%)로 요약된다<표 3-1>.[2] 즉, '한인타운의 집적 효과'(agglomeration effects)와 '교통의 편리성'이 왕징의 기반 구조를 형성하고 있는 것으로 해석할 수 있다(Seol, 2011 참조).

<표 3-1> 왕징에 한국인이 모여 사는 이유, 2013년

(N=27)

	백분율
취업정보, 고충해결 등을 해결해주는 단체나 업체들이 있기 때문이다	33.3
교통이 편리하고 직장과 가깝기 때문에 모여드는 것 같다	25.9
다른 곳보다 주거비가 저렴하고 경제적 생활 수준이 적당하기 때문이다	7.4
조선족이 많이 살고 있기 때문이다	3.7
기타	29.6
계	100.0

<표 3-2> 왕징 한국인의 친구관계: 민족 구성, 2013년

(N=31)

	있다	없다	계
한족 중국인	83.9	16.1	100.0
조선족 중국인	67.7	32.3	100.0
기타 소수민족 중국인	3.2	96.8	100.0

---

2) 저렴한 주거비가 1990년대 왕징 한인타운 형성의 주요 요인이었으나, 2013년 조사에서 "다른 곳보다 주거비가 저렴하고 경제적 생활 수준이 적당하기 때문이다"라는 응답은 7.4%에 불과하였다.

왕징 한국인 중 2008년 글로벌 금융위기로 가장 큰 타격을 받은 집단은 중국 내에 일정한 소득원이 없는 유학생 그룹 및 위안화 대비 한화 가치 하락 등으로 인해 사업성을 잃게 된 자영업자들이다. 왕징 지역 개인 자영업종은 제조업보다는 식당, 사우나, 여행사, 미용·이발, 부동산 등 개인 서비스업이 주류를 이루고 있다. 다른 여타 지역과 마찬가지로 왕징 지역 한국인 중 주재원을 제외한, 개인 자영업자의 상당수가 당시 대부분 방문비자(F)나 취업비자(Z)로 거주 자격을 유지하고 있었다(김윤태·예성호, 2013 참조). 2008년 올림픽 기간에 행해진 불법체류자 단속 및 단기 사증 불허 등에 따라 비자를 갱신하지 못하여 불법으로 체류하는 사람들이 상당수에 달해, 왕징 지역 한국인의 거주자격 불법성 문제가 이후 계속 심화되었다. 특히 장기체류 가능성이 큰 서비스 자영업을 비롯한 소규모 사업 종사자 중에는 자격요건 미달, 까다로운 법적 수속 회피, 세금 절감 등의 이유로 중국인 명의로 영업을 하거나 불법 영업을 하는 경우가 상당수 있었는데, 그중 상당수가 불법체류 문제를 안고 있었다.

한편, <표 3-2>에서 왕징 거주 한국인이 만나는 친구의 민족 분포를 살펴보면, 한족 83.9%, 조선족 67.7%, 기타 소수민족 3.2% 순으로 나타났다.

2. 한족 중국인

왕징 지역 거주민의 주류를 형성하고 있는 한족 중국인 집단은 베이징 호구(戶口)를 가지고 왕징에서 실제 거주하고 있는 왕징 주민, 왕징에 거주하지는 않지만 왕징에 주택을 보유하고 있는 베이징 주민, 그리고 왕징에서 직장을 가지고 일하고 있는 임시인구인 유동인구(流动人口)로 구분된다. 왕징의 한국인은 이들 한족 중국인 집단과 다양한 관계를 맺고 있는데, 주로 아파트를 매개로 한 임차인과 임대인 관계(租户关系: 房客与房东的关系), 다양한 상품을 매개로 한 구매자와 판매자 관계(买卖关系), 그리고 공간을 매개로 한 이웃 관계(邻里关系) 등이다(张云霏, 2014: 58).

우선 왕징의 한국인은 '왕징에 주택을 보유하고 있지만 대부분 왕징에 거주하지 않고 있는 한족'과 아파트 임대를 매개로 한 임차인과 임대인의 관계를 맺고 있는데, 방세를 납부할 때나 또는 아파트 시설에 문제가 있을 때를 제외하고는 거의 교류가 없는 편이다. 따라서 왕징에 주택을 보유하고 있는 한족은 왕징의 한국인들로부터 큰 경제적 이익을 얻고 있기는 하나, 왕징의 한국인과 일상생활에서 긴밀한 이웃관계를 형성하고 있는 것은 아니다. 또한 왕징의 한국인은 자신의 매장에서 판매자로서 동시에 한족 중국인이 소유한 왕징 매장에서는 구매자로서 한족 중국인과 매매관계를 맺고 있는데, 언어문제 등으로 인해 많은 경우 조선족이 중개역할을 함에 따라 한족 중국인과의 직접적인 교류 역시 매우 제한적으로 이루어지고 있다. 한편 왕징의 한국인은 당지 호구를 가지고 왕징에서 실제 거주하고 있는 한족 중국인들과 이웃관계를 맺고 있는데, 왕징 주민인 한족 중국인들은 왕징의 한국인과 실제적인 이웃관계임에도 불구하고, 상호간의 경제적 호혜관계는 지극히 제한적인 수준에 머무르고 있다. 따라서 이들에게 있어 왕징의 한국인들은 실제적인 경제적 실익보다는 왕징지역 사회적 비용 증가의 원인으로 더 많이 인식되고 있으며, 그 결과 이들 왕징 주민들은 한국인의 왕징 입주에 대하여 긍정보다는 부정적인 태도를 더 많이 견지하고 있는 것으로 조사되었다. 왕징 내 한족과 한국인 간의 상이한 문화적 인식과 부정적 태도는 양자 간의 갈등과 불만을 초래할 수 있는 잠재적 요인으로 지적된다.

3. 조선족 중국인

조선족 역시 왕징 한인타운을 구성하는 중요한 집단이다. 한중수교 이전부터 베이징에는 소수의 조선족이 거주하고 있었는데, 이들은 주로 국가로부터 베이징 거주를 허가받은 지식인, 공무원, 기술자 등의 엘리트들로 주로 하이덴구(海淀区) 지역에 거주하고 있었다(예동근, 2009: 41-42). 한중수교에 이은 한국인들의 대규모 중국진출은 조선족들의 베이징으로의 이주를 촉진하였는데, 조선족들의 왕징 진출은 2000년 이후 한국인이 대량으로 왕징으로 입주함에 따라 한국인을 대상으로 한 음식점, 민박, 부동산 중개업, 여행 가이드, 통·번역 업무, 가사 도우미 등에 종사하면서 본격화되었다. 특히 조선족 가사 도우미의 출현은 왕징의 한국인 입주로 인해 베이징에서 보편화되었는데, 이는 한국인의 중국으로의 가구 동반 이주가 왕징 한인타운 등장 이후 본격화되었다는 것을 의미하는 것이기도 하다.

초기에 왕징에 입주한 조선족들은 대부분 임시 유동인구로서 불법적인 신분을 가지고 있었으나, 이후 이들 중 일부가 왕징 지역에 세를 들어 살거나 심지어 주택을 구매하면서 본격적으로 왕징에 정착하였다. 하지만 왕징의 부동산 가격이 폭등하고 생활비가 상승함에 따라, 2009년부터 6만3천여 명의 조선족들이 왕징 근처에 있는 허베이(河北)의 옌자오(燕郊)지역으로 거주지를 옮겼다(선봉규, 2017: 250). 옌자오 지역은 왕징에서 근무하는 조선족들에게 새로운 생활터전이 되었는데, 왕징의 집값과 생활비를 못 이긴 한국인들도 옌자오 지역으로 이주하였다.

이전에 왕징에서 거주하던 조선족의 대부분은 주로 임대료가 지극히 저렴한 난후둥위엔(南湖东园) 및 난후중위엔(南湖中园) 등에 집단적으로 거주하였으며, 심지어 생활환경이 가장 열악한 '왕징 서원3구나 서원4구의 아파트 지하를 불법으로 개조한 지하실 방'에 거주하기도 하였는데, 이들 지역은 왕징의 한국인 거주지역과는 분리되어 있었다. 그러나 중국 내에 일정한 수입원이 없는 한국인 및 경제 위기로 인해 어려움을 겪고 있는 한국인이 비교적 임대료가 저렴한 이들 지역으로 이동하면서 한국인과 조선족의 일상생활에서의 접촉 및 갈등이 증가하였다.

또한, 왕징 지역의 많은 조선족이 한국인 자영업자가 개척한 업종 — 예를 들면 요식업, 부동산 중개업, 여행 관련업, 민박 등 — 에 진출하면서 한국인 자영업자와 경쟁 및 긴장 관계에 있다. 특히 2008년 글로벌 금융위기가 시작된 이후 환율상승으로 인한 경쟁력 약화로 인해 폐업 위기에 몰린 한국인 자영업자들의 왕징 지역 사업체를 조선족이 대거 인수하면서 한국인과 조선족 간의 경쟁 및 갈등이 심화하였다. 조선족들은 이를 기회로 삼아 자신들이 한국인들보다 더 많은 이익을 취할 수 있는 구조를 만들었고, 2010년대에는 한국인보다 부유한 조선족이 대거 등장하였다. 이러한 과정에서 조선족들은 한인타운에 상권이 있는 건물 등 부동산 자산을 많이 보유하게 되었고, 이들 지역에서 영업하고 있던 한국인 자영업자를 축출하면서 (예를 들면, 4구 상가건물) 일부 한국인들의 분노를 사기도 하였다.

기성세대의 조선족들은 왕징에서 한국인을 대상으로 한 요식업과 여행관광업에 집중하였고, 저렴한 집값과 생활비를 위해 옮긴 옌자오 지역에서도 한식 요식업에 의존하면서 살고 있다. 그에 반해, 고등교육을 받은 신세대 조선족들은 한국 대기업에서 종사하거나 더 나아가 미국계 기업 혹은 스타트업 신흥기업에 종사하며, 고급인력으로 거듭났다. 조선족인 P씨의 딸도 중국 H대를 졸업하고 국유기업에서 종사하다가 학교 선배들이 기틀을 세운 드론 관련 신흥사업에 동참하였다고 한다.[3]

왕징의 조선족은 한국인에 대하여 가치관, 사고방식, 사회관계 등의 영역에서 거리감을 가지고 있으며, 중국국민으로서의 정체성이 강하나 해외에 거주하는 한인으로서의 정체성은 매우 약하다. 또한 왕징의 한국인과 조선족 사이에는 갈등 역시 존재하고 있는데, 이러한 갈등은 많은 경우 고용자와 피고용자 관계라는 불평등한 사회경제적 지위에 기인하고 있다(周雯婷·刘云剛·全志英, 2016: 660). 오늘날 한국인보다 부유해지고 사회적 위치가 높아진 조선족들이 출현하였음에도 불구하고, 조선족에 대한 차별을 일삼는 한국인들이 아직도 존재한다. 이처럼 한국인과 조선족의 관계는 피상적 이해관계에 지나지 않는 연대가 부족한 상황으로서, 상호간에 간극이 존재하고 있다(이윤경·윤인진, 2013: 321-345; 张云霏, 2014: 57-58).

이상과 같은 갈등과 경쟁 관계에서 불구하고, 최근 왕징에서는 한국인과 조선족이 쌍방 협력을 추구하는 시도를 하고 있다. 이는 고고도 미사일 방어 체계 갈등으로 인해 한국과 중국의 관계가 악화하면서 발생한 현상인데, 특히 한국인들의 감소 및 사회적 위축이 왕징에서 한국인을 대상으로 하는 다수 조선족의 요식업 또는 여행 관련 업종에 큰 타격을 주었기 때문이다.[4] 이로 인해 조선족들은 자신

---

3) P씨 (40대, 여, 조선족) 인터뷰 내용. 2018.1.19.

들의 경제적 성장을 위해 한국과 중국의 관계, 그리고 한국인과 조선족 간 교류가 매우 중요함을 재인식하였다. 베이징애심여성네트워크(北京爱心女性联谊网) 관계자이자 배드민턴협회 소속의 P씨는 한국인과의 교류가 소원한 협회는 이미 와해하였으며, 활발하게 활동을 하는 베이징조선족기업가협회(北京朝鮮族企業家协会), 베이징애심여성네트워크, 세계한인무역협회(世界韓人贸易协会) 등과 같은 협회는 모두 한인협회들과 협력을 도모하고 있다고 전하였다.[5] 조선족들도 한국과 중국의 국제관계가 빨리 회복되어 왕징에 활기가 넘치기를 바라고 있다. 따라서 선양 시타(西塔)에서 나타난 '선양현상'(沈阳现象)과 같은 한국 교민 사회와 조선족 사회의 상생 움직임이 왕징 교민사회에서도 시급한 것으로 판단된다.

4. 민족집단 간 관계

왕징 한국인에게 민족집단 간 관계를 평가하게 한 결과(<표 3-3>), 한국인-한족(57.6%), 한국인-조선족(33.3%), '조선족-북한인'(18.8%) '조선족-한족'(12.1%)의 순으로 '좋다'고 응답하였다. 여기서 두 가지 사실에 주목할 필요가 있다. 첫째, 왕징 한국인은 조선족보다 한족과 더 좋은 관계를 유지하고 있다는 점에 주목해야 한다. 이는 한국인-한족 관계와 한국인-조선족 관계가 상호 원심력을 발생하면서 변

---

4) P씨 (40대, 여, 조선족) 인터뷰 내용. 2018.1.19.

5) 베이징조선족기업가협회는 2011년 6월 창립되었으며, 베이징 조선족 기업인들의 모임이다. 베이징애심여성네트워크는 2007년 5월 창립되었으며, 베이징 조선족의 여성단체로, 조선족과 왕징 한인대학생, 한민족여성재단 등과 교류가 활발하며, 민족문화, 여성문화, 자선공익문화 활동을 진행하고 있다. 세계한인무역협회(World Federation of Overseas Korean Traders Associations: World-OKTA)는 1981년 창립되었으며, 한국인과 조선족 및 전 세계 한인 경제인들이 참여하고 있다(선봉규, 2017: 252-253 참조).

증법적인 관계를 형성하고 있는 것의 반영이다. 한국인이 한족과 조선족 관계를 선택해야 하면 한족을 선택할 경향이 더 높음에 따라, 상대적으로 조선족과의 관계가 소홀해질 수밖에 없다. 개인 행위자의 시간과 에너지는 한정되어 있고, 이들 간의 연계를 동시에 형성하기 어렵기 때문이다. 설령, 동시에 연계를 형성하더라도 그 연계 정도가 차이가 날 수밖에 없다. 둘째, '조선족-북한인'과 '조선족-한족' 관계는 '좋다'는 응답보다 '나쁘다'라는 응답이 더 많았다는 데에도 관심을 기울여야 한다. 조선족-북한인은 민족이 같고, 조선족-한족은 국적이 같지만, 왕징 지역에서 결코 우호적 관계를 유지하지 못하고 있다.

<표 3-3> 왕징 한국인의 민족집단 간 관계 평가, 2013년

(N=33)

	매우 나쁘다	대체로 나쁜 편이다	좋지도 나쁘지도 않다	대체로 좋은 편이다	매우 좋다	계
한국인-한족	0.0	0.0	42.4	51.5	6.1	100.0
한국인-조선족	3.0	15.2	48.5	33.3	0.0	100.0
조선족-한족	6.1	27.3	54.5	12.1	0.0	100.0
조선족-북한인	25.0	0.0	56.3	18.8	0.0	100.0

Ⅱ. 사회조직과 사회적 네트워크

왕징 한국인은 자신이 사는 지역사회에 대해 어떻게 평가할까? <표 3-4>에 의하면, "내가 사는 지역의 한국인 사회에서는 한국인 공동체가 급격히 성장하고 있다"라는 의견에 대하여 동의 48.5%,

보통 27.3%, 반대 24.2%로 조사되었다. 약 절반 정도가 '왕징 한인 타운'의 성장에 동의하는 것으로 파악할 수 있다.

"내가 사는 지역의 한국인 사회는 중국사회와 융화를 잘한다"라는 의견에 대해서는, 동의 18.2%, 보통 51.5%, 반대 30.3%로, 반대한다는 태도가 동의한다는 응답보다 더 많다. 그렇지만 "내가 사는 지역의 한국인 사회는 중국사회에서 고립된 섬처럼 존재한다"는 의견에 대해서, 동의 12.1%, 보통 36.4%, 반대 51.5%로 나타났다. 즉, 중국사회와 융화하지는 못하지만, 그렇다고 해서 섬처럼 고립되어 있는 것도 아닌 것으로 조사되었다.

"내가 살고 있는 지역의 한국인 사회에서 나는 한국인 공동체의 중심에 있다"는 의견에 대해서는, 동의 15.2%, 보통 30.3%, 반대 54.6%로 조사되었다. 적극적으로 공동체 활동을 하는 사람은 15.2% 정도에 불과한 것으로 이해할 수 있다.

<표 3-4> 왕징 한국인의 '왕징 한국인 사회' 평가, 2013년

(N=33)

	전혀 아니다	대체로 아닌 편이다	보통	대체로 그런 편이다	정말로 그렇다	계
"내가 살고 있는 지역의 한국인 사회에서는 한국인 공동체가 급격히 성장하고 있다"	0.0	24.2	27.3	42.4	6.1	100.0
"내가 살고 있는 지역의 한국인 사회는 중국사회와 융화를 잘 한다"	6.1	24.2	51.5	18.2	0.0	100.0
"내가 살고 있는 지역의 한국인 사회는 중국사회에서 고립된 섬처럼 존재한다"	9.1	42.4	36.4	12.1	0.0	100.0
"내가 살고 있는 지역의 한국인 사회에서 나는 한국인 공동체의 중심에 있다"	27.3	27.3	30.3	15.2	0.0	100.0

재중국 한국인을 대표하는 가장 대표적인 공식적 기구는 '중국한국상회'(中国韩国商会)와[6] '중국한국인회'(中国韩国人会)다.[7] 전통적으로 중국한국상회는 대기업과 중견기업을 중심으로 구성되어 왔고, 중국한국인회는 중소형 및 개인 자영업자 중심으로 구성되어 왔다.

중국한국상회는 중국에 진출한 한국기업의 권익을 보호하고 경영환경 개선을 통한 성공비즈니스를 지원하기 위한 목적으로, 1993년 12월에 중국정부의 인가를 받아 민정부(民政部)에 사회단체로 등기되어 설립된 중국내 유일한 한국계 법정 경제단체이다. 2019년 중국한국상회는 베이징소재 기업회원과 중국 전역 44개 지역상회 소속 기업 등 총 6천여 회원을 보유하고 있다. 중국한국상회는 소속 회원들의 경영문제 해결에 필요한 애로상담, 경영자문 등 개별서비스, 및 베이징모닝포럼, 기업실무 아카데미, 정책이슈 세미나, 성공기업 벤치마킹 현장 세미나 등을 통해 회원간 교류와 경영정보제공 기회를 마련하는 업무를 수행하고 있다. 또한, 회원기업의 경영혁신 성공사례를 공유함으로써 경쟁력 강화와 경영현장의 애로를 파악하여 중국 정부에 정책을 건의하며, 『한국기업백서』를 발간하여 중국 정부에 전달함으로써 중국 내 한국기업의 권익을 보호하고 경영 여건의 개선을 모색하는 등 중국정부-한국 기업 간의 중개 역할도 수행하고 있다. 이 외에도 중국한국상회는 중견중소기업발전위원회를 설립하여 중국 내 중소기업을 적극 지원하고 있고, 우수기업 벤치마킹 세미나를 비롯하여 직무교육 관련 사업을 확대함으로써 기업들의

---

6) 중국한국상회 홈페이지. http://www.korcham-china.net/html/main.asp

7) 중국한국인회 홈페이지. http://homepy.korean.net/~cn/www/

경영효율 향상을 위해 노력하고 있으며, 동시에 중국한국상회 네트워크를 구성하고 있는 지역상회와의 교류와 협력을 통해 새로운 비즈니스 기회를 모색하고 지역상회 회원기업을 위한 다양한 공동사업을 전개하고 있다.

한편, 중국한국인회는 중국 내 67개 도시 한국인회의 중국 본부로서, 중국 내 한국 교민들의 권익을 대변하고, 중국 내 한국인사회 발전을 위해 봉사하는 비영리 민간조직이다. 1999년 12월 19일에 결성되어 2019년 제10대 박원우 회장을 중심으로 집행부가 구성되어 있다. 지회 조직으로는 6개의 지역연합회가 구성이 되어 있으며, 그 산하에 65개 도시별 한국인회가 활동을 하고 있고, 특별 지회로는 홍콩, 마카오 한인회가 구성되어 있다. 중국한국인회의 변화는 왕징의 한국인 교민사회와 관련하여 중요한 의미가 있다. 역대로 중국한국인회의 회장은 베이징에 기반을 둔 한국인이 선출됐는데, 2008년 12월 칭다오에 기반을 둔 정효권 회장이 선출되면서 중국한국인회가 성격 변화를 시도하였다. 즉, 기존의 베이징 중심의 중국한국인회가 전 중국 중심의 한국인회로 성격 변화를 시도하면서 왕징 교민사회에서 차지하는 중국한국인회의 중요성에 변화가 야기되었다. 정효권 회장 선출 이후 중국한국인회의 활동이 기존 베이징 교민 위주의 행사에서 전국적인 행사로 변화하였으며, 지역 한국인회 지부도 16개에서 57개로 증가하였고, 급기야는 왕징 지역에 있었던 중국한국인회의 사무실이 주중대한민국대사관 근처의 샤오윈루(霄云路)로 이동하였다.[8] 그 결과 왕징 지역 교민사회의 위상이 다소 저하되었

---

8) 중국한국인회 사무실은 정효권 씨가 회장 임기를 마친 후인 2013년 3월 다시 왕징(里外里公寓)으로 이전하였다.

는데, 이러한 상황에서 왕징 지역 교민사회를 중심으로 베이징의 교민사회가 2009년 1월 '재북경한국인회'를 왕징에 독립 발족하였다. 재북경한국인회의 주목적은 교민들의 권익 보호를 위해 베이징시공안국과 각 지역의 파출소, 가도판사처(街道办事处)와의 정기적인 교류를 하고, 중국인민대외우호협회(中国人民对外友好协会) 등 중국인단체 및 베이징애심여성네트워크 등 조선족 단체와 협력하여 여러 가지 활동을 주최함으로써 교민들의 생활에 도움을 주는 것이다(재중국한국인회, 2013: 184).[9] 재북경한인회는 주중대사관과 함께 한중 수교 25주년 베이징행사를 주최하기도 하였다.

이 외에도 재중국 한국인을 대표하는 조직으로서 베이징한국중소기업협회(北京韩国中小企业协会)를 들 수 있다. 베이징한국중소기업협회는 정보공유, 각종 세미나 및 포럼, 그리고 친목 활동 등을 통해 회원사에게 중국에서의 사업에 있어서의 실질적인 도움을 주기 위한 목적으로, 베이징한국기업투자협의회(北京韩国投资企业协议会)라는 이름으로 창립되었다가, 2008년 2월에 창립한 베이징한국경제인포럼(北京韩国人经济论坛)과 2014년에 통합하여 현재의 베이징한국중소기업협회가 되었다. 2019년 베이징한국중소기업협회는 4개의 분과로 나뉘어 IT·유통 분과에 23개 회원사, 서비스 분과에 52개 회원사, 외식 분과에 53개 회원사, 그리고 제조분과에 34개의 회원사, 총 162개의 회원사를 두고 있다. 베이징한국중소기업협회는 2017년에만도 중국 경제 전망과 경영 위기관리 중점현안 설명회, 지식공유세미나 4차례, 대사관 연계 중소기업 투자 사업을 위한 유망 지역 조사, 중국 자동차 부품 및 전기 자동차 부품 산업 시찰, 중국

---

9) K씨 (30대, 남, 재북경한국인회 관계자) 인터뷰 내용, 2018.1.15.

국제전시센터(中国国际展览中心) 답사, 상하이 식품 박람회 시찰 등 다양한 활동을 통해 회원사들과 정보공유를 하였고, 제4회 베이징한국국제학교(北京韓国国际学校) 바자회를 통한 한·중 우호 주간 행사에도 참여하였다.[10]

Ⅲ. 한국인과 중국인의 사회적 관계

<표 3-5>는 왕징 한국인이 맺고 있는 사회적 네트워크를 보여준다. 왕징 한국인은 '중국 측 비즈니스 네트워크'(48.1%), '취미·문화 동호회'(45.8%), '중국 전문가 네트워크'(35.4%), '동종 직업인 모임'(31.2%), '동창회'(27.0%), '중국 권력기관 인사 네트워크'(26.4%), '한국인회'(22.8%), '현지 진출 공공기관 관련 모임'(19.9%) 등의 순으로 사회적 네트워크를 중요하게 여기는 것으로 조사되었다.[11]

대표적인 한인타운으로 자리매김한 왕징에서 재중 한인들은 주류 사회와 다양한 관계를 맺고 있다. 왕징의 한국인들은 왕징 지역의 발전 및 현지 주민의 수입증가에 크게 기여하였음에도 불구하고, 중국사회와 여러 측면에서 갈등 및 충돌을 경험하고 있다. 가장 중요한 문제는 한국인에 대한 현지 주민(왕징에 거주하고 있는 베이징 호구 주민)들의 배외(排外) 정서인데, 가장 근본적인 이유는 현지의 한족 중국인 주민들과 한국인들과의 상호교류가 극히 제한적이라는

---

10) K씨 (20대, 남, 베이징한국중소기업협회 관계자) 인터뷰 내용 2018.1.17. 또한, 베이징한국중소기업협회 데이터 참조

11) 왕징 한국인은 '조선족 네트워크'(11.9%), '종교단체 모임'(11.9%), '현지 한인사회 언론매체'(8.0%), '중국 언론매체'(4.2%), '인터넷 동호회'(3.8%), '기타'(3.6%)는 상대적으로 소홀히 여긴다.

	합계	첫째 (28)	둘째 (26)	셋째 (24)
계	300.0	100.0	100.0	100.0
중국측 비즈니스 네트워크	48.1	28.6	15.4	4.2
취미·문화 동호회	45.8	21.4	7.7	16.7
중국전문가 네트워크	35.4	10.7	3.8	20.8
동종 직업인 모임	31.2	10.7	3.8	16.7
동창회	27.0	3.6	19.2	4.2
중국권력기관인사 네트워크	26.4	10.7	11.5	4.2
한국인회	22.8	7.1	11.5	4.2
현지진출 공공기관 관련 모임	19.9	3.6	3.8	12.5
조선족 네트워크	11.9	0.0	7.7	4.2
종교단체 모임	11.9	0.0	7.7	4.2
현지 한인사회 언론매체	8.0	0.0	3.8	4.2
중국 언론매체	4.2	0.0	0.0	4.2
인터넷 동호회	3.8	0.0	3.8	0.0
기타	3.6	3.6	0.0	0.0

사실에 있다. 왕징의 한국인들은 임차인과 임대인 관계를 제외하면 한족 중국인들과 친밀하고 밀접한 지역적 관계를 형성하지 못하고 있다. 여기에 더하여 이미 언급했듯이, 한국인의 왕징 진입으로 인하여 수입이 증가한 주택 소유자 한족 중국인들과 한국인의 왕징 진입으로 인하여 사회적 비용증가를 감수하여야만 하는 현지 거주 한족 중국인이 다른 인구집단이므로, 왕징에 거주하며 왕징 한국인들과 이웃 관계를 형성하고 있는 한족 중국인들의 왕징 한국인에 대한 배외 정서가 뚜렷한 상황이다. 특히 왕징에 거주하는 현지 한족 중국인들은 한국인을 포함한 많은 외지인이 주택, 교통뿐만 아니라 자신들에게 와야 할 다양한 취업의 기회들을 빼앗아 갔다고 여기고 있으며, 이들과 경쟁해야 하는 상황에 불만을 품고 있다.

특히 한국인과 중국인 사이의 문화적 차이와 생활습관 및 사고방식의 차이는 한인타운 내부의 한국인들과 중국인들 사이의 긴장을 초래하는 중요한 요인이 되곤 한다. 예를 들어, 한국인 특유의 밤 문화는 야간에 휴식을 취하고자 하는 현지 주민들에게 불만을 초래하는 부분이며, 한국인들은 신발을 문밖에 두는 것을 선호하나 중국인들의 관점에서 이는 복도 공간을 점유하여 불편을 초래하는 것으로 인식된다. 반면, 한국인들은 중국인 가정의 음식 제조과정에서 나오는 기름과 연기, 길거리에 침과 가래를 뱉는 행위 등을 비문명적 행위로 이해하는 등 양자 간의 상호 이해에는 상당한 거리가 존재하고 있다. 이와 관련하여, 한국인 주부 J씨는 한국인들이 왕징에 들어와 한국인끼리의 폐쇄적인 삶을 즐기고 있으며 중국의 문화를 이해하려는 점이 부족하다고 지적하였다.[12] 동시에 상호교류의 플랫폼 부재 역시 중요한 문제점으로 지적된다. 왕징과 같이 다양한 문화적 배경을 가진 사람들이 사는 지역에서는 생활 습관 등의 차이로 인한 갈등이 벌어지기 쉬운데, 이를 효과적으로 해결할 수 있는 소통의 공간이 부족하다는 점 역시 왕징 한인타운의 안정적 발전을 위해 해결되어야 할 과제인 것이다(张磊, 2015: 16-17).

한편, 언어적 소통의 어려움 역시 왕징 한국인과 현지 중국인 주민 간 갈등의 중요한 요인으로 지적된다. 한국인과 중국인 간의 언어 차이는 양자 간의 소통을 어렵게 만드는 요인이다. 왕징의 한국계 기업에서 15년 동안 종사했던 중국인 Z씨에 따르면, 조선족을 통해 왕징에 진입하여 조선족에 대한 의존도가 높았던 한국인들이 한인타운의 규모가 커짐에 따라 중국어를 배울 필요성이 없어지면서 중국인과의

---

12) J씨 (30대, 여, 한국인 주부) 인터뷰 내용, 2018.1.15.

교류에 장벽을 쌓았을 뿐만 아니라, 동시에 중국사회가 발전함에 따라 중국인과 중국인 사이에서도 소통이 적어짐에 따라 변화되고 있는 생활 습관이 상호 간의 갈등을 일으키는 이유라고 지적하고 있다.[13]

왕징 지역을 관할하고 있는 중국 정부 역시 왕징 한국인에 대하여 이중적인 태도를 지니고 있다. 한편으로는 한국인의 진입으로 인해 왕징 지역이 급속히 발전하였을 뿐만 아니라, 정부의 수입 역시 크게 증가하였으므로 한국인의 왕징 진입에 대하여 긍정적인 평가를 내리고 있다. 동시에 한국인의 왕징 진입으로 인한 정부의 관리 비용 증가로 인해 부정적인 태도를 견지하고 있는데, 2010년 7월 왕징 가도판사처 관리들과의 면담에 의하면 다음 사항이 왕징 한국인에 대한 현지 정부의 부정적인 태도의 이유이다. 우선, 통제 유지와 현황 파악이 불가능한 한국인의 과도한 유입과 높은 유동성 문제이다. 특히 2008년 올림픽을 거치면서 강화된 비자 발급 결과 많은 수의 왕징 한국인들이 불법적으로 왕징에 거주하게 된 문제와, 왕징 진입 한국인의 현황 파악을 더욱 어렵게 하고 있는 민박의 불법 운영을 지적하였다. 여기에 더하여 한국인의 왕징 진입에 따른 소수민족인 조선족의 증가 역시 현지 정부가 한국인의 왕징 진입을 부정적으로 평가하고 있는 이유이다. 또한, 당시 왕징 지역에만도 50개 이상에 달하고 있던 미등록 한국인 교회 및 중국에서의 한국인의 종교적 선교활동 역시 왕징 한국인에 대한 현지 정부의 부정적인 태도의 이유이다. 왕징 지역 한국인 교회 중 가장 큰 출석교인 수를 보유하였던 성삼교회가 2009년 말 폐쇄되고 담임목사가 강제출국 당한 사건은 한국교회의 종교 활동에 대한 현지 정부의 우려를 직접적으로 반영

---

13) Z씨 (40대, 남, 중국인) 인터뷰 내용, 2018.1.22.

하고 있는 사례이다. 또한, 2017년 11월에 진행한 베이징한국국제학교 바자회 한·중우호활동마저 중국 공안국에서 과도하게 많은 사람들이 모였다는 이유로 조기폐장을 시켰는데, 이는 종교적인 요인 외에도 수많은 외지인과 중국인이 함께 모이는 것에 대한 중국정부의 두려움이 반영된 조치로 평가된다.[14]

　왕징의 한국인 역시 중국 정부에 대하여 불만이 적지 않다. 무엇보다도 외국인의 출입국 및 거주와 관련된 정책 및 법규의 미비와 모호성, 그리고 통일적인 행정의 부재가 가장 큰 불만의 이유이다 (谭玉·蔡志琼, 2014: 83; 卢韦·姜岩·张金慧, 2013: 221-222). 그중에서도 가장 큰 불만은 비자문제이다. 무엇보다도 끊임없이 변화하고 예측할 수 없는 비자 정책에 대하여 불만이 집중되고 있다. 예를 들어, 2008년 올림픽 이전에 중국정부는 투자 규모에 따른 외국인 고용제한 제도에 의해 장기 비자를 발급하고 있어서 비교적 투자 규모가 소규모인 왕징의 한국인 자영업자들은 관광비자 등으로 입국하여 지속해서 비자를 연기하는 변칙적 방법을 사용할 수밖에 없는 상황이었는데, 2008년 올림픽을 거치면서 과거 3개월에서 1년에 이르던 복수 비자 기간을 1개월 비자로 전환하면서 당시 수많은 한국인이 불편을 겪었을 뿐만 아니라 체류가 불법화되었다. 새로 도입된 외국인 비자 정책은, 2016년 9월 27일부터 재중 외국인전문가 취업허가증(外国专家来华工作许可证)과 일반외국인 취업허가증(外国人就业许可证)을 외국인취업허가증(外国人来华工作许可证)으로 통합하여 점수제를 실시하고 있다. 이에 따라 외국인 취업비자를 A등급(중국에 직접적으로 공헌을 하는 외국인 고급인재), B등급(세계

---

14) K씨 (40대, 남, 중소기업협회 관계자) 인터뷰 내용, 2018.1.21.

100위 안에 드는 대학에서 학위를 받거나 중국대학에서 석사학위를 받은 자 또는 교수로 재직하고 있는 외국인 전문가 인재), 그리고 C등급(일반외국인)으로 나누고, C등급은 쿼터제(quota system)로 실시하고 있다.[15] 이러한 정책변경은 주재원을 포함하여 대부분 C등급에 해당하는 재중한국인들의 비자발급에 커다란 장벽이 되고 있다.[16] 이에 대하여 왕징의 한국인들은 영주권이라는 개념이 아직 정립되어 있지 않은 중국적 상황을 근본적인 문제로 지적하였다.

Ⅳ. 소결

오늘날 왕징 한인타운은 주재원, 자영업자, 유학생, 전문직종사자, 외교관 등 다양한 한국인들이 거주할 뿐만 아니라, 조선족, 한족 중국인 등 다양한 민족집단이 같이 공존하는 지역이다. 따라서 한인타운 내부의 한국인들은 한족, 조선족 등과 다양한 방식으로 접촉하면서 생활하고 있으며, 이들 간의 관계는 상호 간의 문화적 차이에 영향을 받고 있다. 한인타운 내부에는 중국한국상회·중국한국인회 등 사회조직이 존재하여, 한인들의 사회적 네트워크를 확대하고 이익을 보호하는 기능을 수행한다. 이처럼 왕징 한인타운 내부에는 다양한 동학이 존재하며, 이는 왕징 한인타운 특유의 문화를 형성하는 중요한 요인이 되고 있다.

---

15) "[실전 비즈니스 중국법] 외국인 중국 근무 허가제도 바뀐다." 2017.1.17., 조선비즈, http://biz.chosun.com/site/data/html_dir/2017/01/17/2017011700711.html; "중국, 외국인 근무 허가제 개정안 실행." 2017.2.9., 한국무역신문, http://weeklytrade.co.kr/news/view.html?section=1&category=136&item=&no=26743.

16) K씨 (40대, 남, 중소기업협회 관계자) 인터뷰 내용, 2018.1.21.

제4장

'도시 속 농촌'과 '도시 속 도시'

이 장에서는 개혁·개방기 중국의 이농민이 베이징에 형성한 동향촌(同鄕村)과의 비교를 통해 왕징 한인타운의 특성을 이해하고자 한다. 개혁·개방 이후 급속히 변화하고 있는 중국의 도시와 도시민의 삶을 살펴볼 때, 빠지지 않고 등장하는 것이 농촌으로부터 도시로 이주한 이농민과 그들이 도시에 형성한 집단 거주지로서의 동향촌이다. 공업화·도시화가 진행되면서 농촌을 떠나 도시로 진입하는 이농 및 이농민 현상은 중국만의 특징은 아니다(Kuznets, 1966; Lewis, 1955). 그러나 도시의 경제발전에 대한 기여 및 도시에서의 장기간 거주에도 불구하고, 공식적으로는 종종 '유동인구'(流動人口)라고 표현되는 농촌 출신 도시 이주민들은 도시민으로 인식되지 못하고 따라서 도시민의 권리와 혜택을 부정당하고 있다는 사실에, 그리고 그러한 불평등한 구조를 호구제도(戶口制度) 및 단위제(單位制)를 중심으로 한 국가 제도가 유지 및 재생산하고 있다는 사실에, 개혁기 중국의 특수성이 놓여 있다. 이러한 상황에서 중국도시의 이농민은 도시에서의 생존을 위해 같은 고향(同鄕) 출신의 이주민들끼리 대도시의 외곽지역에 집중적으로 거주하여 그들만의 독자적인 동향촌을 형성함으로써, 도시 내에서의 그들의 열악한 조건을 공동으로 극복해나가고 있다. 베이징의 동향촌 역시 1990년대를 거치면서 비약적으로 증가하기 시작하여 전성기였던 1995년 당시 대표적인 것만도 약 20여 개에 달하였다.

중국의 도시에 관한 기존의 연구들은 개혁·개방기 중국 도시의 변혁이 신자유주의적 경제발전 정책을 포함한 전 지구화 과정 등과 같은 외부적 요소 및 단위체제 개혁을 포함한 기존 사회주의 체제의 시장화 개혁 등과 같은 내재적 요소 간의 상호작용에 의한 결과임을 보여주고 있다. 이러한 상호작용은 결과적으로 개혁·개방기 중국 도시에 다양한 새로운 공간들을 창출했다. 예를 들면, 세계 지향 공간(globally oriented space), 소비 공간(consumption space), 레크리에이션 및 편의시설 공간(recreational and amenity space), 주거 공간(residential space) 등이다(Ma and Wu, 2005: 268-270). 개혁·개방기 중국 도시에 형성된 이러한 새로운 공간 중 큰 주목을 받아 온 공간 중 하나가 바로 도시로 진입한 농촌 출신 이주민의 집단 거주지(enclaves or settlement)로서의 비공식적 공간(informal space)인 동향촌이다. 이렇듯 중국 도시발전에서 중요성으로 인해 많은 연구가 이농민이 도시에 형성한 동향촌 및 이들 동향촌이 집중된 '도시 속 농촌'(urban villages, 城中村)을 분석하고 있다(대표적인 연구로는 정종호, 2008; 柯兰君·李汉林, 2001; 唐灿·冯小双, 2000; 王春光, 1995; 项飙, 2000; Jeong, 2002, 2011, 2014; Logan, 2002; Ma and Xiang, 1998; Zhang, 2001). 왕징의 한인타운 역시 개혁·개방기 중국 도시에 형성된 이러한 비공식적 공간 연구의 맥락에서 조명할 필요가 있다. 이러한 맥락에서 이 장에서는 개혁·개방기 이농민이 베이징에 형성한 동향촌을 중심으로 '도시 속 농촌' 사례들을 분석하고, 왕징의 한인타운과의 비교를 통해 왕징 한인타운의 특성을 살펴보고자 한다.

Ⅰ. '도시 속 농촌': 베이징 동향촌의 형성

도시로 진입한 이농민이 당면하고 있는 가장 큰 문제 중 하나는 주거 공간 확보의 문제이다. 물론, 이는 중국만의 특징은 아니다. 급격한 도시화·공업화 과정을 경험한 다른 개발도상국 및 제3세계 국가에서도 주거지를 확보하는 문제는 이농민이 마주치는 가장 중요한 문제이다(Berry, 1973). 그러나 다른 국가의 경우 이농민의 열악한 경제적 지위 및 역량이 도시에서의 거주 문제를 해결하는 데 가장 중요한 제한적 요소이지만, 개혁·개방기 중국의 이농민은 거주지 확보에 대한 경제적·재정적 제약에 더하여 이중 주택시장(dual housing market)이 낳은 또 다른 제도적인 제약을 지니고 있다.

중국의 이중 주택시장은 모택동 시기의 유산인 호구제도 및 단위제도와 관련되어 있다. 호구제도에 따라 농업호구 소지자는 농촌집체가 분배하는 토지를 이용하여 자신들의 주택문제를 해결하였으며 반면 도시호구 소지자는 대부분 단위제를 통해 국가가 제공하는 주택을 받았는데, 도시로 진입한 이후에도 호구제도에 따라 여전히 농업인구로 분류되는 이농민은 도시에서의 토지사용과 주택분배로부터 원천적으로 배제되었다. 결과적으로 이중 주택시장 아래에서 중국의 이농민은 도시에서의 주택확보에 있어서 경제적 제한에 더하여 제도적인 제한을 지니게 되었다(Zhang, Zhao and Tian, 2003: 914-915).

1980년대 말에 시작되어 1990년대 가속화된 중국 도시의 주택개혁은 이상과 같은 제도적인 제한을 일부나마 개선할 것으로 기대되었다. 1988년부터 시작된 주택개혁은 한편으로는 기존 단위체제에서 분배한 공유주택(public housing)의 매각을 통한, 또 다른 한편으로는 시장에 기반한 사유주택(private housing)의 공급을 통한, 주택의 사유화 및 상품화를 주 내용으로 하였다. 즉 그동안 단위에 속한 도시 호구 소지자에게 무상으로 제공되었던 주택을 기존 거주자에게 저렴한 가격에 매각함으로써 점차 주택을 사유화하였고(Zhang, Zhao and Tian, 2003: 917), 개발업자들에게 이윤을 목적으로 상업 건물 및 고급주택을 건축, 매매, 그리고 임대하는 것을 허용함으로써 주택을 포함한 부동산 시장의 시장화를 촉진하였다(Wang and Murie, 1999, 2000). 이를 통해 모택동 시기 사회주의 체제에 따른 복지 혜택으로서의 도시 주택은 상품으로 재구성되었다(Lee, 2000; Li, 2000; Wang, 2000).

그러나 이와 같은 주택개혁에도 불구하고 이농민은 도시에서 거주지 확보에서 여전히 제도적·경제적 제한을 받았다. 우선, 비교적 저렴할 뿐만 아니라 구매 시 단위(單位)로부터 보조를 받는 공유주택은 여전히 도시호구 소지자에게만 배타적으로 제공되었으며, 따라서 이농민은 근본적으로 접근이 불가능하였고, 주택개혁에 의해 새로이 등장한 상품주택(商品房)은 공유주택에 비해 매우 비싼 가격에 거래가 이루어지므로 대부분 저소득·저임금 직종에 종사하는 이농민은 엄두를 낼 수 없었다(Huang, 2005: 193-195; Zhang, Zhao and Tian, 2003: 915-917). 베이징의 경우, 1998년 당시 상품주택의 평균 가격은 제곱미터 당 4,815위안이었는데, 이는 월 평균 임금이 1,000위안에도 못 미치는 이농민로서는 구매 및 임대 자체가 불가능한 가격이었다(Huang, 2005: 218-219). 결국, 주택개혁에도 불구하고 중국 도시의 이농민은 여전히 도시 호구의 미보유로 인한 제도적 제한 및 한정된 구매력으로 인한 경제적 제한으로 인해, 공식적인 도시주택을 확보할 수 없는 상황에 놓여 있었다. 이러한 상황에서 대다수 이농민은, 상대적으로 저렴할 뿐만 아니라 제도적인 구속에서 벗어나 있는 비공식적인 도시 내 거주지를 구하려고 하였는데,

소위 '도시 속 농촌'의 등장은 이에 대한 중요한 해결책을 제공하여 주었다.

'도시 속 농촌'을 의미하는 '성중촌'(城中村)은 개혁·개방기 중국의 역동적인 도시화 과정이 결과한 새로운 도시 내 공간이다. 즉 '도시 속 농촌'은 집체토지소유제(集体土地所有制)하에서의 급격한 도시화 과정에서 등장한 개혁·개방기 중국 도시발전의 보편적인 현상이다(謝志岿, 2005: 39). '도시 속 농촌'은 원래 농사에 종사하는 농민들이 거주하던 대도시 근교의 농촌지역이었으나, 급속하고 불규칙적인 도시 확장 및 팽창에 의해 도시의 행정구역에 편입된 지역을 포함한다. 이러한 '도시 속 농촌'의 형성은 개혁·개방기 중국 대도시의 전형적인 특징이 되었다. 따라서 '도시 속 농촌'은 베이징·상하이·광저우와 같은 대도시는 물론, 급속한 발전 및 팽창으로 특징지워지는 대부분의 중국 도시에 형성되었다. 예를 들어, 2002년 자료에 따르면, 선전(深圳)시에는 특구 내에 176개, 전체 시에는 약 천여 개의 '도시 속 농촌'이, 시안(西安)시에는 180여 개의 '도시 속 농촌'이 존재하고 있었다(謝志岿, 2005: 39-44).

'도시 속 농촌'에 대해서는 다양한 정의가 존재하나 '도시 속 농촌'의 가장 큰 특징은 호구제도와 관련이 있다.[1] 즉 '도시 속 농촌'은 도시의 행정구역에 편입되어 있음에도 불구하고 호구제도에 의한 농촌적 요소를 그대로 보유하고 있다는 사실에 가장 큰 특징이 있다. 다시 말하면, '도시 속 농촌'에는 농민(농업호구를 보유한 농업인구의 존재), 농촌(농업호구 소지자들의 농촌 집체로서 촌민위원회의 존재), 그리고 농업(농촌집체를 통해 농업호구 소지자들이 공동으로

---

[1] '도시 속 농촌'(城中村)의 다양한 정의에 대해서는 謝志岿(2005: 26-30) 참조.

소유한 농지의 존재)의 요소들이 도시적 요소들과 함께 공존하고 있다. 이러한 '도시 속 농촌'의 농촌적 요소는 토지와 행정이라는 두 가지 측면에서 특별한 상황을 야기함으로써, '도시 속 농촌'으로 하여금, 호구제도 및 단위제로 인해 도시에서의 거주지 확보에 있어서 이중적 제한(제도적 제한과 경제적 제한)을 지닌 이농민에게 집단적으로 거주할 수 있는 공간을 제공할 수 있게 하였다.

우선 토지의 측면이다. '도시 속 농촌'의 농업 호구 소지자들은 도시에 소속되었음에도 호구제도에 의해 농촌인구로 분류됨에 따라 그들이 속한 농촌집체가 분배한 토지에 스스로 건립한 주택(대부분 平房)을 보유하고 있었는데, 이는 농촌을 떠나 도시에 진입한 이농민은 물론 도시의 도시호구 소지자들도 가질 수 없는 중요한 자산이었다. 보통 농가주택 건립을 위해 개별 농가에 할당되는 토지는 도시주민들의 주택 공간과 비교해 매우 넓었으므로, '도시 속 농촌'의 농업 호구 소지자들은 이농민에게 주택 일부를 임대하는 것이 가능하였다. 동시에 '도시 속 농촌'의 농촌집체 역시 그들이 집단으로 보유하고 있는 농지에 이농민을 위한 임대시설을 건립함으로써, 농업수입 이외에 추가수입을 확보할 수 있었다.

한편, '도시 속 농촌'이 이농민들이 집단으로 거주할 수 있는 공간을 제공할 수 있었던 또 다른 배경은 행정의 특수성이다. '도시 속 농촌'에는 농업 호구 소지자와 도시 호구 소지자라는 두 종류의 집단이 존재하였으므로, 행정관리의 측면에서도 이원적인 특수성이 나타나게 되었다. 예를 들어 '도시 속 농촌' 주민들은 같은 지역에 거주하고 있음에도 불구하고 호구의 종류에 따라 두 개의 상이하고 배타적인 행정관리 체계와 관련을 맺고 있었는데, 예를 들어 베이징의 경우, 농업 호구 소지자는 보통 구(區)정부 → 향(鄕)정부 → 촌민위원회(村民委員会)로 이어지는 행정체계의 통제를, 도시 호구 소지자는 구(區)정부 → 가도판사처(街道办事处) → 거민위원회(居民委員会)로 이어지는 행정체계의 통제를 받았다. 따라서 행정적으로 도시에 속함에도 불구하고 '도시 속 농촌' 주민의 대부분을 차지하는 농업 호구 소지자들은 행정관리 체계의 특성상 도시 행정체계 밖에 존재하였으며, 따라서 도시계획과 도시발전에 관한 엄격한 규정들을 피할 수 있었다(Rosen and Ross, 2000; Zhang, Zhao and Tian, 2003). 여기에 더하여 '도시 속 농촌'에 거주하는 이농민에게 각종 명목의 관리비를 부여함으로써 재정수입을 확보할 수 있었던 지방정부(区政府) 역시 이농민을 위한 임대시설 건축을 허용하면서, 이농민의 집단거주지로서의 동향촌이 '도시 속 농촌'에 집중적으로 형성되었다.

결과적으로 개혁·개방기 역동적인 도시화 과정이 결과한 새로운 도시 내 공간으로서의 '도시 속 농촌'은 토지와 행정의 두 가지 측면에서 도시에 속하면서도 여전히 농촌적 요소를 유지함으로써, 도시에서의 거주지 확보에 있어서 이중적 제한(제도적 제한과 경제적 제한)을 지닌 이농민이 집단으로 거주할 수 있는 공간을 마련해 주었다. 물론 도시로 진입한 이농민 모두가 이농민 집단거주지로서의 동향촌에 거주한 것은 아니며, 또한 모든 동향촌이 '도시 속 농촌'에 있는 것도 아니다. 그러나 많은 이농민이 동향촌에 거주하고 있으며, 동향촌의 대부분이 '도시 속 농촌'에 형성되었다(Zhang, 2005).

한편, '도시 속 농촌'은 도시마다 다양한 형태로 형성되었는데, 예를 들어 2000년 8월 약 277개의 '도시 속 농촌'이 형성되어 있었던 광둥성 광저우시의 경우 구도심과 별개로 뉴타운이 건설됨에 따라

'도시 속 농촌'이 도시의 외곽지역뿐만 아니라 심지어 도심과 가까운 도심 지역(inner-city)에도 형성되어 있어서 명칭 그대로 상업지역의 빌딩으로 둘러싸인 '도시 속 농촌'을 이루고 있는데 반해, 베이징의 경우 도시의 팽창이 도심으로부터 비교적 방사형으로 이루어짐에 따라 초기 형성된 대부분의 '도시 속 농촌'이 차오양구(朝阳区), 하이뎬구(海淀区), 펑타이구(丰台区) 등 도시 근교 지역의 성향결합부(城乡结合部, 도시와 농촌의 과도지대(过渡地带)로서 도시 호구 소지자뿐만 아니라 농업 호구 소지자도 거주) 지역에 형성되었다.

공업화·도시화에 따라 도시로 진입한 이농민이 도시의 공간 내에서 그들만의 독자적인 집단 거주지를 형성하는 것은 매우 보편적인 현상이다.[2] 그러나 앞에서 살펴본 바와 같이 호구제도 및 단위제가 결과한 이중적 제한(제도적 제한과 경제적 제한)으로 인해, 베이징에 형성된 이농민 집단 거주지로서의 동향촌은 도시와 농촌의 과도지대(过渡地带)인 '도시 속 농촌' 지역에 집중적으로 형성되었다. 베이징의 동향촌은 1990년대를 거치면서 비약적으로 증가하기 시작하여 전성기였던 1995년 당시 약 20여 개에 달하였다. 당시 베이징에 형성된 대표적인 동향촌은 다음 다섯 개가 대표적이다.

① 저장촌(浙江村): 1990년대 중반 베이징에는 저장성 출신 이농민의 집단거주지로서 동향촌이 여러 곳에 흩어져 있었는데, 저장성 출신 이농민이 베이징에 형성한 동향촌은 대부분 특정 상품의 베이징 내 생산 및 판매기지로 발전되었다. 예를 들면, 저장성 원링(溫嶺) 출신 이농민의 동향촌인 진주촌(珍珠村)은 진주판매를, 저장성

---

2) 같은 문화적 전통 및 동일한 출신지에 따라 이농민의 도시에서의 거주형태가 결정되고 있다는 사실은 널리 알려져 있다. 이에 대해서는 Abu-Lughod (1961), Banerjee (1983), Collier (1976) 참조.

출신 이농민의 또 다른 동향촌인 안경촌(眼鏡村)은 안경 판매를 중심으로 형성된 시장 공간이자 생활공간인 셈이다. 저장성 출신 이농민의 동향촌 중 가장 큰 규모와 가장 오래된 역사를 지닌 곳은 베이징시 남쪽의 성향결합부인 펑타이구(丰台区) 난위안향(南苑鄉) 따훙먼(大紅門) 지역에 형성된, 흔히 '저장촌' 또는 이 곳에서 주로 생산·판매하는 제품(의류)을 따라 '푸좡촌(服裝村)'이라 불리는 곳이다. 의류 생산과 판매를 목적으로 1980년대 초기 베이징에 정착하기 시작한 저장성의 원저우(溫州, 그 중에서도 특히 웨칭(樂淸)과 용자(永嘉)의 두 지역) 출신 이농민에 의해 형성된 저장촌은 이후 계속해서 확대되어 온 베이징시의 개혁·개방 정책, 이농 및 노동력 충원 방식으로서의 출생지 네트워크의 이용, 가죽 잠바의 베이징 내 독점생산 등에 힘입어, 1990년대에는 베이징에서 가장 큰 저가·저급 의류 제작 및 판매지로 발전하였다.[3]

저장촌의 원저우 출신 이농민은 중국의 전체 이농민 집단 내에서 특별한 위치를 차지하고 있다. 즉, 기술과 자본 없이 오로지 육체노동에 종사하는 대부분의 이농민과는 달리, 저장촌의 원저우 출신 이농민은 원저우에서 습득한 의복 제작 기술 및 민간금융조직을 통해 형성한 초기자본을 가지고 도시에서도 원저우에서와 같이 가족 경영 중심의 저급·저가 의류 생산 및 판매에 종사하고자 이주한 소규모 사업가(私營企业家)이다. 따라서 그들의 동향촌인 저장촌 역시 생활 거주 공간인 동시에 생산 및 판매 시장을 포함한 경제 공간으로 발전하였다(정종호, 2000: 136-137).

② 허난촌(河南村): 초기의 허난촌은 1980년대 초 노동자로 베이

---

3) 저장촌의 형성과정에 대해서는 정종호(2000, 2008)를 참조할 것.

징에 진입한 허난성 출신(특히 그중에서도 구스(固始)현 출신) 이농민에 의해 형성되었다. 주로 건설 노동자로 베이징에 진입한 당시의 이농민은 노동시간 이외의 남는 시간에 폐품 및 쓰레기를 수집하여 인근의 쓰레기장에 내다 팔았는데, 그 수입이 노동자로서 얻는 수입을 능가하게 되었다. 이에 따라 허난성 출신 이농민이 대부분 본격적으로 폐품 수집 및 판매에 나서게 되면서 베이징의 허난촌은 주로 폐품 또는 쓰레기 수집 및 판매에 종사하는 허난성 출신 이농민의 동향촌으로 알려지게 되었다.

당시 허난촌에 모여 살던 허난성 출신 이농민의 수는 매우 적었다. 또한, 그나마도 대부분의 이농민이 베이징 주민들의 농가에 흩어져서 개별적으로 거주하였으므로, 초기의 허난촌은 허난성 출신 이농민 동향촌으로서의 응집력은 거의 갖지 못하였다. 그러다가 개혁·개방이 진행되면서 베이징의 산업 및 생활 쓰레기가 폭발적으로 증가하게 되고, 산업 및 생활 쓰레기의 폭발적인 증가를 감당하지 못하던 국영 폐품 수거 관리업체가 임대료 수입을 목적으로 국영 폐품 및 쓰레기 처리장을 처리장에 근무하던 직공이나 또는 베이징 교외 지역의 농민들에게 임대하고, 이들이 다시 허난성 출신 이농민에게 재임대하면서, 폐품 및 쓰레기 처리장을 임대받은 허난성 출신 자영업자 이농민이 등장하게 되었으며 이들에 의해 하이뎬구(海淀区) 바자촌(八家村) 지역 일대, 차오양구(朝阳区) 더우거장(豆各庄)과 웨이즈컹(苇子坑) 지역 일대 등에 허난촌이 본격적으로 형성되었다. 당시 허난촌에 거주하는 허난성 출신 이농민의 65%가 폐품회수와 관련된 직업을 가졌는데, 이에 따라 허난촌은 '파란촌'(破烂村)으로도 불리게 되었다(唐灿·冯小双, 2000: 74-76; 项飙, 2000: 485-486; Gu and Liu, 2002: 208).

③ 신장촌(新疆村): 신장 위구르족 자치구 출신 이농민의 베이징 동향촌인 '신장촌'은 쩡광루(增光路)를 따라 간자커우(甘家口) 지역 및 웨이공촌(威公村) 지역을 중심으로 형성되었는데, 전성기인 1995년 당시 거주하던 신장 위구르족 자치구 출신 이농민이 수천 명에 이르렀으며, 대부분이 신장요리 중심의 식당경영에 종사하였다. 신장촌은 다른 베이징 동향촌들과 비교하여 볼 때 매우 특별한 의미를 지니고 있다. 무엇보다도 가장 구별되는 특징은 다른 동향촌에 거주하는 이농민이 종족 구분상으로는 모두 같은 한족(汉族)인데 반해, 신장촌에 거주하는 신장 위구르족 이농민은 종족 구분상 한족과 구분되는 소수민족이라는 점이다. 또 다른 점은 베이징의 다른 동향촌들이 개혁·개방과 함께 비로소 등장한 것과는 달리, 신장촌은 이미 1950년대부터 형성의 기초를 마련하였다는 점이다. 이 당시 가장 중요한 역할을 한 것이 바로 간자커우 인근에 건립된 서원반점(西苑饭店)이다.

간자커우 지역은 부근에 신장 위구르족 자치구의 베이징 주재 사무소(驻京班事处)가 있으므로, 이미 개혁·개방 이전부터 공무 및 사적인 일로 베이징을 방문한 신장 위구르족의 결집지역이었다. 그중에서도 1950년대 건립된 서원반점(당시는 서원여행사(西苑旅行社)라고 불림)은 위구르족의 집결과 만남의 장소로 가장 빈번하게 이용되었다. 이처럼 서원반점이 위구르족의 빈번한 만남의 장소가 됨에 따라, 서원반점 경영을 담당하고 있던 베이징 정부는 1950년대부터 신장의 요리사들을 서원반점으로 초빙하기 시작하였다. 초빙된 신장의 요리사들은 초기에는 서원반점 내에 거주하였다. 그러나 인원이 점차 많아짐에 따라 서원반점 측이 1970년대에 간자커우 지역과 웨이공촌 지역 일대에 주거지를 건립하여 초빙된 신장 요리사들의 거주지역으로 제공하고, 동시에 초빙된 신장의 요리사들이 신장에 있는 가족과 친척은 물론 동향들을 베이징에 초빙함으로써 동향촌으로서의 신장촌이 형성되었다(項飆, 2000: 485; Gu and Liu, 2002: 208-209).

초빙된 요리사를 따라 베이징으로 이주한 신장인들은 처음에는 비단 스카프나 비단 옷감을 베이징에서 대량으로 구매하여 신장에 내다 팔기도 하였으나, 베이징의 도시개혁이 본격적으로 시작된 1984년 이후 베이징의 외식인구가 급증함에 따라 비단 옷감 매매를 통해 벌어들인 수입을 자본으로 하여 식당경영에 나서기 시작하면서 신장음식점 경영 중심의 신장촌을 형성하였다. 따라서 호구제도의 틀을 벗어난 이농민을 중심으로 형성된 여타의 동향촌과는 달리, 신장촌은 호구제도 내의 이동(즉 국가 부문에 의해 초빙된 신장 요리사들의 이동)으로 시작하였으나 호구제도 밖의 이농(즉 초빙된 요리사들을 따라 베이징에 진입한 신장 출신 이농민의 이농)에 의해 형성된 이농민의 동향촌이라는 특징을 보여주고 있다.

④ 안후이촌(安徽村): 베이징에 진입한 안후이성 출신 이농민의 동향촌인 안후이촌은 성향결합부인 하이뎬구 즈춘루(知春路)의 시우다오커우(西五道口) 지역과 역시 하이뎬구(海淀区)의 란치잉(蓝旗营) 지역 일대에 형성되었다. 이 두 지역의 안후이촌 모두 채소, 과일 및 육류 등의 농산물 판매를 하던 이농민에 의해 1980년대 중·후반기에 형성되었는데, 안후이성 이외의 다양한 타성(他省)출신 이농민이 안후이촌에 모여들기 시작하면서 건축 장식, 페인트칠, 자전거

수리, 쓰레기 수거 및 판매 등 다양한 업종에 종사하는 이농민으로 구성된 이농민 집단거주지로 변화되었다. 그러나 여전히 안후이성 출신 이농민이 주류를 차지함에 따라 안후이촌으로 불리었다(项飙, 2000: 486-487; Gu and Liu, 2002: 207-208). 따라서 베이징의 안후이촌은 다른 동향촌과 비교하여 볼 때, 동향관계(同鄕关系), 동행관계(同行关系), 그리고 동향촌으로서의 결속력이 가장 약하다고 할 수 있다. 특히 시우다오커우(西五道口) 지역의 안후이촌에 거주하는 안후이성 출신 이농민은 대부분 베이징 주민의 주택 일부를 임대하여 개별적으로 분산거주하고 있으므로, 동향촌으로서의 결속력은 거의 없는 편이다.

⑤ 푸젠촌(福健村): 베이징 북쪽 성향결합부인 안리루(安立路)를 따라 위치한 푸젠촌은 1980년대 후반기 베이징 교외 지역에 불기 시작한 부동산 건설 붐을 형성 배경으로 하고 있다. 즉 개혁·개방에 따라 베이징 교외 지역에 아파트 및 주거시설 등이 대량으로 건설되기 시작하면서 건축자재의 수요가 급증함에 따라, 목재 및 알루미늄 등과 같은 건축자재 판매업에 종사하기 위해 베이징에 진입한 푸젠성 출신 이농민(주로 목재나 시멘트 판매) 및 광둥성 출신 이농민(주로 알루미늄 및 합금자재 판매)의 동향촌으로 형성되었다(Gu and Liu, 2002: 210).

Ⅱ. '도시 속 농촌': 베이징 동향촌의 변화

개혁·개혁기 도시로 진입한 이농민의 집단 거주지로서 삶의 터전을 제공했던 베이징의 동향촌들은, 전성기였던 1995년을 거치면서 여러 번에 걸친 베이징시 정부의 대규모 철거 및 도시재개발로 인해 하나둘씩 사라지기 시작하여, 지금은 따훙먼(大红门) 지역의 저장촌만이 명맥을 유지하고 있을 뿐이다. 이 같은 베이징 동향촌의 변화는 동향촌 및 이들 동향촌이 집중된 '도시 속 농촌' 지역에 대한 베이징시 정부 정책의 변화와 밀접한 관련이 있다.

1995년 중반까지 동향촌이 집중된 '도시 속 농촌' 지역에 대한 베이징시 정부의 주요 정책은 호구제도에 기반하여 이농민의 동향촌 유입을 봉쇄하거나, 아니면 폭력적인 방법을 통한 동향촌의 전면적인 철거(清理整顿)였다. 후자의 경우 가장 대표적인 것은 당시 리펑(李鹏) 총리의 비준 아래 1995년 11월과 12월에 3단계에 걸쳐 베이징의 동향촌에 대해 행해진 대규모 철거작업이다. 그렇지만 베이징의 동향촌이 정리되기는커녕 더욱 증가함에 따라, 베이징시 정부는 동향촌 및 동향촌이 집중된 '도시 속 농촌'에 대한 새로운 정책을 모색하기 시작하였는데, 1990년대 후반 특히 21세기에 접어들면서 베이징의 동향촌을 근본적으로 변화시키고 있는 베이징시의 정책은 '제도적 변경'(转制)과 '재개발'(改造)을 특징으로 하고 있다.4) 이를 구체적으로 살펴보면 다음과 같다.

---

4) 도시재개발 계획에 따라 이농민 집단 거주지가 집중된 '도시 속 농촌'을 재정비하려는 도시 정부의 노력은 전국적으로 매우 다양한 형태로 진행되었지만, 대부분 '제도적 변경'과 '재개발'을 공통점으로 하고 있다(Zhang, 2005: 251; Zhang, Zhao and Tian, 2003: 930-931). 이러한 정책은 '도시 속 농촌' 지역이 가장 많이 집결된 광둥성 광저우시에서 제일 먼저 시도되었는데, 광저우시의 '도시 속 농촌' 재개발 계획은 이후 중국의 다른 주요 도시에서 벤치마킹의 대상이 되었다. 광저우모델(广州模式)로 알려진 광저우시의 '도시 속 농촌' 재개발 계획은 '도시재개발'이라는 이름 아래 '도시 속 농촌'의 기존 불법 건축물을 철거하고 '도시 속 농촌' 전체를 도시화하는 것을 목적으로 하고 있다. 즉 '도시 속 농촌' 지역을 도시재개발 지역으로 지정한 후, 행정관리의 재조직, 토지사용의 규제강화, 주택의 개량 등 일련의 과정을 통하여 '도시 속 농촌' 지역을 재개발하는 것을 목적으로 한다.

우선 제1단계는 동향촌이 집중된 '도시 속 농촌'에 여전히 존재하는 농촌, 농민, 농업적 지위를 변경하는 제도적 변경을 주 내용으로 한다. 즉 ① '도시 속 농촌' 지역에 거주하고 있는 농업 호구 소지자 주민들의 호구를 비농업 도시 호구로 변경하고(农转非), ② 호구변경을 통해 도시주민화 된 이들을 도시 행정체계(예를 들어, 街道办事处-居民委员会)의 행정관리 아래 두며(农转居), ③ 농촌 집체에 의해 집체적으로 소유되었던 '도시 속 농촌'의 농업용 토지를 국가의 직접 관리 아래 두는 것을 주요 내용으로 한다. 이와 같은 제도적 변경은 호구제도 개혁, 특히 농업 호구, 비농업 호구, 지방도시(城鎮) 호구 등으로 구분되어 온 호구의 종류를 통일시켜 도시와 농촌을 일체화시킨 호구제도의 일원화 개혁과 연관된다. 이를 통해 그동안 '도시 속 농촌' 지역 주민의 이원화된 호구로 인해 역시 이원화되어 있던 비효율적이고 혼란스러웠던 행정관리 체계를 도시 행정체계로 일원화하려 하였다. 이와 같은 제도적 변경의 가장 중요한 목적은 '도시 속 농촌'의 토지소유 및 토지사용권과 밀접한 관련이 있다.

앞에서 살펴본 바와 같이, '도시 속 농촌'에 거주하고 있는 농업 호구 소지자들은 도시의 확장에 따라 도시범주에 포함되었음에도 호구제도에 의해 여전히 농촌인구로 분류됨에 따라, 그들이 속한 농촌집체에 의해 분배된 토지에 건립한 주택을 보유하고 있었으며, 동시에 '도시 속 농촌'의 농촌집체 역시 그들이 집단으로 보유하고 있는 농지에 대한 사용권을 독점하고 있었다. 따라서 '도시 속 농촌'에 존재하는 대부분의 농촌집체 및 농업 호구 소지자들은 농지의 사용권을 비농업적 목적을 가진 타자에게 유상 임대하거나, 또는 농촌집체가 직접 농지의 비농업적 부동산 개발에 참여함으로써 '도시 속 농촌' 토지의 임의적 그리고 불법적인 사용을 남발하였다. 이는 이 농민의 집단 거주지로서의 동향촌이 '도시 속 농촌' 지역에 집중적으로 형성될 수 있었던 가장 근본적인 배경이었다. 이러한 이유로 인해 '도시 속 농촌'에 대한 도시재개발 계획은 1단계에서 '도시 속 농촌'에 존재하는 농촌, 농민, 농업적 지위를 변경하는 제도적 변경을 우선하여 추진하였으며, 이를 통해 농촌 집체에 의해 보유되었던 '도시 속 농촌' 농업용 토지를 국가의 관리에 귀속시킴으로써 불법적인 토지사용에 대한 규제를 강화하였다.

이상과 같은 제도적 변경의 기초 아래 본격적인 재개발이 시행되었는데, 도시계획 및 관련 도시 규정에 따라 기존에 건립된 '도시 속 농촌' 지역 불법 건축물들을 보상 없이 철거하고 부동산 재개발(상업용 건물 및 고급 주택단지 중심)의 형태로 '도시 속 농촌'을 복원하는 것(撤镇设街, 撤村建(设)居)을 주 내용으로 하였다. 물론 이전에도 베이징의 '도시 속 농촌' 지역에서는 수차례에 걸쳐 재개발이 시도되었다. 그러나 이전과 비교하여 볼 때 이 시기에 이루어진 베이징 '도시 속 농촌' 지역에 대한 재개발의 특징은 베이징시 정부의 적극적인 권유 아래 대형 사영기업 및 합자기업이 개발상(开发商)으로 재개발 사업에 적극적으로 참여하였다는 사실에 있다. 이러한 사실은 1990년대 중반 이후부터 베이징을 포함한 중국 대도시의 공간적 변화 및 재구성을 이끌고 있는 소위 사회주의적 '성장지향 도시 연합'의 등장과 관련이 있다.

즉, 토지개혁, 주택개혁, 단위제 개혁을 통한 토지와 주택의 상품화 및 부동산 시장의 등장으로 인해 도시정부는 재정수입을 증대하는 가장 효율적인 방법으로 토지거래를 통한 지대이익에 본격적으로 치중하기 시작하였는데(Fang and Zhang, 2003), 이러한 과정에서 토지사용권을 임대하고 이를 통해 지역 발전 및 재정 증대를 추구하는 '기업가적'(entrepreneurial) 성격(Zhang, 2006: 475)의 도시 지방정부(특히 '도시 속 농촌'이 위치하고 있는 区政府)는 '도시 속 농촌' 지역의 재개발을 위해 보다 확실한 파트너로서 대형 부동산 개발업자들을 개발에 참여시킴으로써 그들과 연대하였고, 이에 따라 '지방 발전국가'(local developmental state)로서의 베이징 지방정부와 부동산 개발업자 간에 토지개발을 중심으로 한 성장연합이 1990년대 후반부터 본격적으로 등장하기 시작하였다(Fang and Zhang, 2003; Smart and Zhang, 2006; Tingwei Zhang, 2002; Li Zhang, 2006). 특히 주택의 무상공급을 중단한 단위제 개혁 및 중산층의 등장으로 인해 고급 주택단지에 대한 수요가 증대하자, 베이징의 '도시 속 농촌' 지역은 지대이익을 통해 지역발전과 재정증대를 추구하려는 '도시 속 농촌' 지역 정부 및 고급 주택단지 건설을 통해 이윤을 추구하려는 부동산 개발업자간의 연대로 인해 기존의 이농민 집단거주지역이 사라지고 대신 고급주택단지로 변화되었다.

이상과 같은 제도적 변경과 재개발을 중심으로 하는 베이징시 정부정책의 변화 및 그에 따른 베이징 '도시 속 농촌' 지역의 재개발은 베이징의 동향촌에 근본적인 변화를 가져왔다. 이를 구체적으로 살펴보면 다음과 같다. 우선, 신장촌의 변화이다. 앞서 언급한 바와 같이, 주로 신장요리 중심의 식당경영에 종사하고 있던 신장 위구르족 자치구 출신 이농민의 동향촌인 신장촌은 하이뎬구 쩡광루 부근 간자커우 지역 및 하이뎬구 웨이공촌 지역을 중심으로 형성되어 있었으나, 제도적 변경과 재개발을 중심으로 하는 베이징시 정부정책의 변화로 인해 대부분 사라지게 되었다. 먼저, 웨이공촌 지역의 신장촌은 웨이보하오(韦伯毫) 아파트 건설 및 23층 상가건물(韦伯时代中心) 건설을 위해 철거되었는데, 그동안 신장인에게 임대주택을 제공했던 웨이공촌 지역 베이징인들은 제도적 변경을 통해 농민 신분에서 도시민(居民)으로 호구가 전환되었으며, 토지에 대한 보상과 함께 일부는 저렴한 가격에 웨이보하오 아파트를 분양받는 대신 농업호구와 함께 토지사용권을 포기하였다. 이 과정에서 아파트 건설과 베이징 주민에 대한 보상은 개발상(韦伯毫公司 및 魏公元鼎房地产经纪开发公司)이 주로 담당하였는데, 이들 개발상은 2001년 국가로부터 신장촌 지역의 토지사용권을 확보한 후 아파트 건설을 시작하였다. 한편, 간자커우 지역의 신장촌 역시 새로 확장된 도로(首都体育馆南路)와 새로 건설된 아파트(增光佳苑 아파트)로 인해 철거되었는데, 2003년 3월에 건설을 시작하여 2004년 10월에 완공된 쩡광자위안 아파트의 부지는 해당 지역에 있던 베이징인 단위(水利建设科学院 및 中国建筑设计研究院)의 기숙사로서 이들 기관이 자신들의 토지를 현물 투자하여 주주로서 개발에 참여하였고, 개발은 베이징두비아오부동산개발회사(北京都禾房地产开发有限公司)가 담당하였다. 이러한 도시재개발로 인해 기존의 신장촌은 대부분 철거되었다.

제도적 변경과 재개발을 중심으로 하는 베이징시 정부정책의 변화 및 그에 따른 베이징 '도시 속 농촌' 지역의 재개발로 인해 사라지고 있는 또 다른 대표적인 베이징의 동향촌은 허난촌이다. 허난촌은 원래 하이덴구 동성향(东升乡) 얼리장(二里庄)에 위치하였다가, 1992년 철거 후 동성향 바자촌 지역 일대, 차오양구 더우거장과 웨이즈킹 지역 일대 등 베이징의 여러 지역에 형성되었으나, 현재는 대부분 사라졌다. 우선, 차오양구 더우거장 지역 일대의 허난촌의 경우, 이 지역 베이징인 주민의 호구전환과 함께 베이징인 개발상(星火房地产开发有限责任公司)의 아파트 건설로 인해 2005년에 철거되었으며, 웨이즈킹 지역 일대의 허난촌 역시 베이징인 주민의 호구전환과 함께 국가로부터 토지를 임대받은 대형 개발상 베이징판하이부동산회사(北京泛海信华置业有限公司)와 베이징궈어싱샤에부동산회사(北京国兴嘉业房地产开发有限责任公司)의 아파트(观湖国际) 건설로 인해 역시 2005년에 철거되었다. 이 밖에도 안후이촌 역시 원래 하이뎬구 즈춘루의 시우다오커우 지역과 하이뎬구의 란치잉 지역 일대에 형성되어 있었으나, 도시개발로 인해 모두 사라졌다.

Ⅲ. '도시 속 도시': 왕징 한인타운의 형성

앞에서 언급했듯이 한인타운이 위치한 왕징 지역은 1980년대까지만 해도 대부분이 황량한 농지거나 단층 중심의 초라한 농민 거주지였다. 즉 한인타운이 형성되기 이전 왕징 지역은 개혁·개방기 급속한 도시화 과정으로 인해 토지의 관리 및 주민의 구성에 있어서 농촌과 도시의 이중성이 공존하는 성향결합부 지역에 속하였다. 그러나 베이징 대부분의 성향결합부 지역이 이농민 집단거주지가 집중된 '도시 속 농촌'으로 변화된 것과는 달리, 왕징 지역은 같은 성향결합부 지역에 속함에도 불구하고 오늘날 대표적인 한인타운(韓國城), 더 나아가 국제타운(国际城)을 포함하는 '도시 속 도시'(城中

城)로 발전되었다. 이러한 왕징의 독특한 발전 과정은 어떻게 가능하였는가?

이에 대한 해답은 베이징의 도시(재)개발 과정과 밀접하게 연결되어 있다. 왕징 지역을 제외한 베이징 대부분의 성향결합부 지역은 1990년대 중반까지도 본격적으로 개발되지 않고 여전히 낙후된 농촌의 모습을 지니고 있었다. 따라서 1992년 등소평의 '남순강화'(南巡讲话) 이후 폭발적으로 증가한 이농민은 이러한 성향결합부 지역에 집중적으로 거주하면서 그들만의 집단거주지인 동향촌을 형성하였다. 그러나 왕징 지역은 1990년대 초부터 신흥 중산층의 거주지역으로 개발되기 시작하였다. 당시 베이징시 정부는 왕징 지역에 총면적 860만 헥타르, 총 건축면적 1,000만㎢, 총 거주인구 33만 명을 수용하는 '아시아 제일의 거주지역'(亚洲第一居住社区) 건설 계획을 발표하였는데, 이러한 베이징시의 종합적인 도시계획(北京市城市总体规划)에 따라 왕징지역은 1993년 베이징도시건설개발그룹총회사(北京城市建设开发集团总公司)에 의해 개발 및 건설되기 시작하였으며, 1996년 왕징 뉴타운(望京新城) 아파트의 일차분이 완공되면서 주민들이 입주하기 시작하였다(閆淑敏, 1998: 33).

당시 왕징 뉴타운 아파트는 베이징시 호구 소유자들에게 분양되었는데, 주로 정부 관료, 신흥기업가나 연예인들이 구입하였다. 이들 중 많은 수가 이미 베이징의 다른 지역에 주택을 소유하고 있었으므로, 대부분의 왕징 뉴타운 아파트 소유자들은 추가수입을 목적으로 그들이 소유한 아파트를 월세로 임대하려 하였다(中国社会科学院, 2008). 그러나 왕징 지역에 새로이 건설된 아파트의 월세는 베이징의 일반 시민 기준으로도 매우 높은 가격이었다. 따라서 도시로 진입한 가난한 이농민은 당연히 왕징 지역 아파트의 월세를 감당할 수 없었고, 그 결과 왕징 지역은 베이징의 다른 성향결합부처럼 이농민의 비공식적인 집단 거주지가 집중된 '도시 속 농촌'이 될 수 없었다. 당시 왕징 뉴타운 아파트의 평균 월세는 저렴한 곳도 1㎡당 20-40위안에 달하였는데, 베이징의 동향촌 중에서 월세가 가장 비쌌던 저장촌이 위치한 따홍먼(大紅門) 지역의 단층 농민집 월세(1㎡당 5-10위안)와 비교하여 보면, 왕징 지역이 베이징의 다른 성향결합부와는 달리 이농민의 비공식적인 집단 거주로 대표되는 '도시 속 농촌'이 될 수 없었음을 쉽게 알 수 있다. 따라서 왕징 뉴타운 아파트 소유자들은 비싼 월세를 감당할 수 있는 임차인을 구하여만 하였는데, 마침 근처(花家地)에서 거주하고 있던 한국인들 일부가 왕징 지역에 최초로 건립된 뉴타운 아파트인 왕징 서원4구(望京西園四区)에 세를 얻게 되면서 한국인들의 왕징 거주가 시작되었고, 2000년 이후 한국인들의 왕징 진입이 본격화되면서 왕징지역은 대표적인 한인타운으로 발전하였다.5)

당시 한국인들이 왕징 지역 거주를 선택한 데에는 몇 가지 중요한 이유가 있었다. 우선 현대화된 주거시설이다. 신흥 중산층 거주지역으로 개발된 왕징 뉴타운 아파트는 당시에서는 매우 현대화된 주거시설을 제공하였을 뿐만 아니라, 분당이나 일산 신도시에서와 같은 고층 아파트 생활에 익숙한 한국인들이 거주하기에 적합하였다. 그

---

5) 중국의 언론 보도에 의하면 2013년 왕징에 거주한 한국인은 4-5만 명으로 추산되었다. 汪若菡, "韓国人・望京・中国梦." 『全球商业』, 2013년 5月号, http://www.shangyejia.cn/index/fengmian/zlrq/2013-05-22/937.shtml. 그러나 2013년 현지조사 당시 인터뷰에 따르면, 왕징 지역 한인 규모에 대한 현지인들의 일반적인 추산은 5-7만 명이다. 한편 왕징 가도에 정식으로 등록된 한국인 수는 2013년 6월 기준 15,000명에 불과하여, 실제 왕징 지역에 거주하고 있는 한국인 수와 큰 차이를 보였다.

러나 무엇보다도 중요한 이유는 상대적으로 저렴한 월세였다. 물론 앞서 언급한 바와 같이, 신흥 중산층을 대상으로 건설한 고급 주거단지인 왕징 지역 아파트의 월세는 이농민은 물론 베이징의 일반 시민도 감당하기 힘든 비싼 가격이었다. 그러나 외국인이라는 신분으로 인해 거주지 선정에 있어서 매우 제한적인 조건에 있었던 한국인들의 처지에서는, 외국인 거주 허가지역 아파트의 월세와 비교하여 볼 때 왕징 지역 아파트의 월세는 대단히 매력적인 가격이었다. 예를 들어 침실 두 개를 갖춘 아파트의 경우, 외국인 거주가 공식적으로 허용되었던 야윈촌(亚运村) 아파트 월세의 15-25%에 불과하였다. 당시 베이징시 정부의 엄격한 외국인 거주 관리정책은 외국인들이 일반 시민의 주택을 임차하는 것을 엄격하게 통제 및 관리하였으며, 대부분의 외국인에게 외국인 거주가 허가된 호텔(涉外饭店) 또는 지역에서만 생활하도록 하였다(马晓燕, 2008: 119; Wu and Webber, 2004: 210).

특히 1997년 시작된 아시아 금융위기로 인해 외국인 거주 허가지역 아파트의 비싼 월세를 감당할 수 없게 된 많은 한국인에게 왕징 지역은 이상적인 대안으로 여겨졌다. 단적으로 1997년 당시 외국인 거주 지역 중 하나인 옌사 지역 아파트 월세는 130㎡ 기준 25,000-30,000위안인데 반하여, 왕징에 최초로 건립된 왕징서원4구 아파트의 동일평수 월세는 2,600-5,200위안에 불과하였다. 동시에 한국인들로부터의 임대수입이 안정적이고 경제적인 수입원임을 감지하게 된 중국인 아파트 소유자들이 한국인을 대상으로 본격적으로 아파트 임대에 나서면서, 한국인들의 왕징 진입이 가속화되었다. 그 결과, 베이징의 다른 성향결합부 지역들이 임대수입을 목적으로 주거시설을 제공하는 베이징주민 농민과 이들로부터 주거시설을 임차하여 월세를 내는 베이징 진입 이농민 간의 결합에 의해 '도시 속 농촌'이 된 것과는 달리, 같은 성향결합부 지역에 속함에도 불구하고 왕징 지역은 신흥 중산층을 위해 새로이 건설된 아파트를 소유한 베이징주민과 외국인 거주지역의 비싼 임대료를 감당할 수 없어 이들로부터 주거시설을 임차하여 월세를 내는 베이징 진입 한국인 간의 결합에 의해 한인타운으로 대표되는 '도시 속 도시'로 발전하였다.

이처럼 '도시 속 도시'로 시작한 왕징 지역은, 21세기에 들어서도 지속적인 부동산 개발과 더불어 더욱더 국제화된 사구(社区)로 변화되면서 독특한 발전을 유지하고 있다. 특히 성장지향 도시연합이 왕징 지역의 부동산 재개발을 본격적으로 주도하기 시작하였던 2003년을 전후하여 왕징 지역이 2차 발전을 맞이하면서, 왕징의 한인타운 역시 새로운 모습을 갖추게 되었다. 이 시기에 이루어진 왕징 지역 개발은 다음과 같은 두 가지 변화를 가져왔다. 우선 개발 초기 왕징 지역은 신흥 중산층을 위한 주택거주지 개발정책에 따라 주택공급에 치중함으로써 주택공급에 상응하는 종합적인 생활 시설이 부족하였으나, 2003년을 전후한 2차 발전으로 종합인프라(配套)가 구비되었다 (정종호, 2013: 441). 예를 들어 기존에는 왕징 지역에 대규모 상업시설이 극히 부족하였으나, 다양한 대형 쇼핑센터 및 유통업체(예를 들면, 华堂商场, 华联商厦, 博雅国际中心, 方恒国际中心, Wal-Mart, Carrefour, 东方银座百货, 新世界商业)들이 왕징에 진입함으로써, 종합적인 발전을 이룩하였다. 그 결과 신도시로서의 왕징은 "거주 중심의 시기(居住時代)에서 출발하여, 비즈니스 중심의 시기(商業時代)를 거쳐 직장, 학습, 생활, 오락, 여가, 교류, 거주, 서비스, 구매, 발전 등의 총체적인 기능을 동시에 수행하는 종합인프라 중심의 시기(商务時代)로의 발전을 이루고 있다."라는 평가를 받았다(闾冰艳, 2006: 179).

2003년을 전후하여 이루어진 왕징 지역 개발이 왕징 지역에 가져온 또 다른 중요한 변화는 왕징 지역 주거시설의 고급화이다(정종호, 2013: 441). 왕징 지역 개발 초기에 신흥 중산층을 위해 건설된 주택시설은 당시로써는 현대화된 거주 시설이었으나, 베이징 지역에 고급주택들이 경쟁적으로 들어서면서 상대적으로 낙후된 시설이 되었다. 특히, 지멘스, 네슬레, LG, 삼성, Ericsson, 모토로라, 벤츠, BMW, Microsoft 등 다국적 기업들의 본부 혹은 지사들이 왕징 지역에 입주하면서 한국인을 비롯한 외국인 고급인력들이 지속해서 왕징에 진입하였는데, 이에 따라 이들을 위한 고급 주거시설에 대한 수요가 폭발적으로 증가하면서 왕징 지역에 고급 아파트 건설이 붐을 이루었다. 이상과 같은 왕징 지역의 2차 발전 결과, 왕징 지역은 낙후한 농촌 지역에서 탈피하여 신흥 중산층을 위한 주택거주지를 거쳐 다국적 주민 및 다민족 주민을 포함하는 국제적인 사구로 거듭 발전하였다. 따라서 오늘날 왕징은 '작은연합국'(小小联合国)이라고 불리기도 한다. 이러한 왕징 지역의 변화는 이농민의 집단거주지인 동향촌이 집중적으로 형성된 베이징의 기타 성향결합부 지역의 발전과 비교하여 볼 때 큰 차이를 보인다.

앞서 언급했듯이, 이농민의 집단거주지인 동향촌이 위치하였던 베이징의 기타 성향결합부 지역은 ① 농지위에 건립한 주택을 이농민에게 임대하거나 집단적으로 보유하고 있는 농지에 건립한 불법주택을 이농민에게 임대함으로써 임대수입을 확보하였던 성향결합부의 농업호구 소지자 및 그들의 농촌집체, ② 성향결합부의 농업호구 소지자 및 그들의 농촌집체에 임대료를 지불하는 이농민, ③ 그리고 이들에 대한 관리비 등 각종 세금을 부과하여 재정수입을 확보하였던 성향결합부 지역 정부 간의 상호 보완적인 연대에 기반한 '도시 속 농촌'으로 되었다. 따라서 '제도적 변경-재개발'로 요약되는 도시개발정책, 즉 성향결합부 지역 주민의 호구성격 변화(농업호구에서 도시호구로의 변경)를 통한 성향결합부 지역 현지 농민들의 도시화에 의해, 이농민의 집단거주지로서 삶의 터전을 제공했던 동향촌들이 사라지기 시작하는 근본적인 변화를 맞이하였다.

반면 처음부터 왕징 지역은, 성향결합부 개발을 통해 지역발전과 재정증대를 추구하려는 베이징 정부 및 고급 주택단지 건설을 통해 이윤을 추구하려는 부동산 개발업자 간에 형성된 성장 연합에 의해 고급주택단지인 '도시 속 도시'로 개발되었다. 그 결과 베이징의 동향촌들과 마찬가지로 성향결합부 지역에 건설되었음에도, 많은 동향촌이 지방 발전국가로서의 베이징 정부와 부동산 개발업자 간에 형성된 토지개발을 중심으로 한 성장 연합에 의해 사라진 데 반해, 왕징 한인타운은 오히려 국제사구(國際社区)로서 발전하고 있다.

Ⅳ. '도시 속 도시': 왕징 한인타운의 변화

이러한 발전 속에서도 왕징 한인타운의 위기가 존재하였다. 첫 번째 위기는 2008년 미국발 금융위기로, 당시 한인타운의 생활 터전을 위협하였다. 2008년부터 시작된 금융위기로 인해 환율이 크게 변화하였는데, 2007년 1월부터 10월까지 원화 120원을 유지하던 중국

위안화의 가치가 폭등해 2009년 3월 2일에는 230.09원에 달하였다.6) 미디어에서 '한국 원화가 기침하면, 왕징이 감기에 걸린다(韩元咳嗽, 望京感冒)'라고 할 정도로(周雯婷·刘云刚·全志英, 2016: 656), 당시 중국 위안화의 가치폭등은 왕징 지역뿐만 아니라 중국 전역에 거주하는 한인사회에 커다란 위협이 되었고 중국에서의 생활과 거주환경에 큰 영향을 끼치게 되었다. 설상가상으로 2008년 1월 1일부터 '중화인민공화국 신노동계약법'(中华人民共和国劳动合同法)이 실시되었는데,7) 이로 인해 모든 중국인 노동자의 보험가입이 필수가 되었고 동시에 외자기업에 대한 세금혜택이 폐지되어, 수많은 한국 자영업자와 사업가가 타격을 입었다. 이러한 부담을 견디지 못한 많은 한인이 사업을 정리하고 왕징 지역을 떠나게 되면서 베이징에 거주하던 한인 인구가 2007년 10만 명에서 2009년에는 6만7천 명으로 감소하였다.8) 이 과정에서 한인 자본이 빠진 자리에 중국인들과 조선족 자본이 들어오게 되었고 한인 거주자들의 사업을 많은 조선족이 인수하면서 한인타운으로서의 위상이 하락하는 계기가 되었다.

그러나 2010년부터 환율이 안정되면서 다시 중국진출이 활발해지자 베이징의 한인 인구가 2011년 77,600명까지 증가하였다. 왕징의 한인사회에 교민들이 다시 모이게 되면서 왕징의 소비문화가 활발해졌고, 특히 2014년 '별에서 온 그대'로부터 2016년 '태양의 후예'까지 한국의 드라마가 한류의 부활을 이끌면서 왕징은 제2의 전성기를 맞게 되었다. 동시에 중국 IT기업과 많은 외자기업의 왕징 유입이 왕징을 한 단계 더 발전시켰다. 2011년 베이징시 '12차 5개년'

---

6) 신한은행 환율 그래프. 시계열 변동은 [그림 2-2] 참조.
7) 신노동계약법에 대해서는 http://www.gov.cn/flfg/2007-06/29/content_669394.htm 참조.
8) 주중국대한민국대사관 인터넷 홈페이지 http://overseas.mofa.go.kr/cn-ko/index.do 참조.

(十二五)계획에 따라 왕징이 과학기술, 상업무역, 창업구역으로 정해지면서, 300억 위안의 투자를 받았다. 2014년에는 왕징의 대표적인 건물이라고 할 수 있는 SOHO와 알리바바(Alibaba)사의 단지가 지어졌고, 중국을 대표하는 IT기업들—美团, 大众点评, 奇虎360, 陌陌, 携程, 触控 등—이 왕징에 자리를 잡았다.9)

한편 우다오커우(五道口) 부근 칭화동루시커우(清华东路西口)역부터 왕징역, 왕징서역, 왕징동역까지 연결하는 지하철15호선이 2014년 12월 28일 개통하면서 왕징의 교통이 업그레이드되었다. 이에 힘입어 캐터필러(Caterpillar)같은 외자 IT 기업들의 왕징 진출 역시 가속화되었다. IT관련 공기업 파견근무자 J씨에 의하면, 현재 왕징과 부근 지역에는 수많은 한국 IT기업이 진출하여 있다. 정부산하기업 6-7 군데와 대사관이 함께 아이디어를 공유하는 네트워크가 있으며, SK Telecom 베이징지사, Samsung SDS, LG CNS, Lotte 정보통신, T-Max 등 30여 개의 IT대기업이 회원으로 있는 '베이징IT한국기업협의회'가 있고, 중소 IT기업은 '베이징한국중소기업협회'를 통해 왕징 지역을 중심으로 친목 네트워킹이 이루어지고 있다. 또한, 중국인터넷협회와는 MOU가 체결되어 있으며 이 채널을 통해 간접적으로 중국 정부와도 소통을 하고 있다.10) 하지만 왕징에서의 IT기업 성황은 한인 거주자들에게 주거비 부담을 더해주었다. 허허벌판이었던 올리브(Olive) 아파트 단지 뒤편에 알리바바(Alibaba) 단지가 들어섰고 대왕징(大望京) 건축이 완공됨에 따라 부동산가격이 폭등하게 되면서, 한국인은 물론 현지에 거주하는 중국인에게도 타격을 주었다. 한국

---

9) "望京已不再是那個遍地韓國人的望京." 鳳凰資訊, 2017.8.5. http://news.ifeng.com/a/201 70805/51569554_0.shtml

10) J씨 (30대, 남, 공기업 근무자) 인터뷰 내용. 2018.1.10.

계 컨설팅회사에서 근무하고 있는 C씨에 의하면, 왕징 지역의 한 고급 아파트인 유로파크의 2015년 56평 기준 월세는 4,300위안이었지만, 2017년 4월에는 6,800위안까지 폭등하였다.[11]

설상가상으로 2016년 왕징 지역에 두 번째 위기인 '고고도 미사일 방어 체계' 사태가 엄습하였다. '고고도 미사일 방어 체계' 사태를 통해 중국인들의 한국인들에 대한 불만이 표면화되었다. 한국인에게 시비를 걸거나 신변위협 등 불안감을 조성해 한국어를 사용하는 것조차 조심스러워졌고, 불매운동이나 돌연 예약 취소, 혹은 고의적으로 훼방을 놓는 등 한국인의 영업활동을 방해하였다. 당시 왕징 한인타운에서 제일 눈에 띄는 사건은 왕징서원4구 아파트단지 앞 상가의 '왕징한국성'(望京韩国城)이라는 간판이 사라진 것이었다[그림 4-1 참조].[12] 이는 '고고도 미사일 방어 체계' 갈등으로 인한 중국정부의 경제적 보복의 신호탄이었다.

공기업 근무자인 J씨는 협력 중국업체가 돌연 연락을 두절하는 등의 행위로 괴롭히는 것으로 그쳤지만, 사업가 Y씨의 경우는 '고고도 미사일 방어 체계' 사태로 인해 연예인 비자 발급이 금지되면서 대규모 프로젝트가 무산되었다. Y씨는 '고고도 미사일 방어 체계'를 통해 한국기업뿐만이 아니라 한국기업과 관련된 사업을 하던 중국기업도 큰 타격을 입었다고 강조하였다.[13] 한국계 컨설팅회사에서 근무하고 있는 중국인 직장인 Z씨는 '고고도 미사일 방어 체계' 갈등을 통해 한국의 문화 콘텐츠 방면의 산업이 큰 타격을 입었고, 특히

---

11) C씨 (30대, 남, 조선족) 인터뷰 내용. 2018.1.22.

12) [한-중 수교 25돌] 베이징 '한인타운'의 눈물, 한겨레, 2017.8.20., http://www.hani.co.kr/arti/international/china/807545.html.

13) Y씨 (40대, 남, 한국인 사업가) 인터뷰 내용, 2018.1.8.

(가) 2012년 3월 29일

(나) 2016년 6월 18일

(다) 2019년 8월 3일

[그림 4-1] '왕징한국성'(望京韓国城)의 경관 변화, 2012-2019

중국에서 방영하려던 한국광고가 갑자기 폐지되는 일도 있었다고 전하였다.[14] 대기업 중에선 롯데마트와 이마트가 2017년 9월 왕징에서 철수하였고,[15] 현대자동차도 다수 주재원을 한국으로 복귀시켰다. 주재원 가족들이 귀국하게 되면서 공장이 대거 축소되어 다수의 중국인 노동자들이 일자리를 잃었고, 한국인 고객을 상대로 하던 수많은 한인식당들이 문을 닫았으며, 학생들이 부족해 왕징의 베이징한국국제학교도 정원 미달로 어려움을 겪었다.[16] 왕징 한인타운의 경제적인 실세였던 주재원들이 대폭 감소하면서 수많은 가게들이 문을 닫았고, 동시에 수많은 한인 자영업자들도 왕징을 떠나게 되어, 베이징의 한인거주자들은 66,579명으로 감소하였으며(외교부, 2017), 2018년 현재 왕징의 한인 수는 2만5천 명 정도로 알려져 있다. 이 밖에도, '고고도 미사일 방어 체계' 갈등 직후 중국의 소방안전법 규제 강화로 인해 왕징에 남아 있던 한인, 조선족, 중국인 기업 중 다수가 소방안전기준 미달로 영업이 정지되어 타격을 입었다.[17]

'고고도 미사일 방어 체계' 사태의 영향은 최근 완화되고 있다. 하지만 중국정부는 외국인에게 취업비자를 주는 것에 인색할 뿐만 아니라, 새로운 비자심사정책을 통해 비자 발급을 더 엄격하게 하였다. 이러한 혼란 속에서도 베이징 정부는 왕징을 국제화도시로 만들기 위해 노력하고 있다. 예를 들어, 차오양구는 '차오양구 왕징 국제인

14) Z씨 (30대, 여, 중국인) 인터뷰 내용, 2018.1.22.

15) 김인경, '물류창고엔 이삿짐만…' 현실화한 차이나 엑시트, 이데일리, 2017.9.20., http://www.edaily.co.kr/news/news_detail.asp?newsId=01289046616062088&mediaCodeNo=257.

16) J씨 (30대, 남, 공기업 근무자) 인터뷰 내용, 2018.1.10.

17) J씨 (30대, 남, 공기업 근무자) 인터뷰 내용, 2018.1.10; K씨 (30대, 남, 재북경한국인회 관계자) 인터뷰 내용, 2018.1.15; K씨 (20대, 남, 베이징한국중소기업협회 관계자) 인터뷰 내용, 2018.1.17.

재 사구건설 실시방안'(朝阳区望京国际人才社区建设实施方案)을 통해 지역사회의 국제화 수준 향상을 선언하였다. 이 방안에 따라 2017년 5월에는 4년 연속 베이징 차오양 해외학인창업대회(北京朝阳海外学人创业大会 OTEC)를 통해 20개 국가(미국, 영국, 네덜란드, 이스라엘 등)에서 1만2천 명의 창업자를 유치해 창업 활동을 장려하였다.[18] 또한, 베이징 정부는 2017년 5월에 발표한 '글로벌 인재들을 유치하기 위한 정책'(朝阳望京国际人才社区建设实施方案)에 따라, 글로벌 기준에 맞춘 작업방식 개선, 창의적 개발을 위한 생활 터전 개선, 인재들의 수요에 준하는 시설 개선, 그리고 현대화 개발을 위한 국제화 기준의 지역 서비스 개선을 목표로 하였다.[19] 하지만 이러한 정책은 아직 초기단계에 머무르고 있다. 따라서 현재의 왕징 지역은 한편으로는 철저한 인구관리 및 외국인에 대한 배제, 또 다른 한편으로는 적극적인 국제화 도시건설이라는 이중적인 모습을 보이고 있다.

---

18) "北京朝陽区打造望京國際人才社区." 中国日报, 2017.5.29. http://cnews.chinadaily.com. cn/baiduMip/2017-05/29/cd_29542882.html

19) "朝阳区统筹推进望京国际人才社区建设 助力朝阳国际化发展." 北京组工, 2017.8.25, http://www.bjdj.gov.cn/news/2017825/n031323026.html

제5장

왕징 한국인의 사회계층

개혁·개방 이후 중국의 사회계층과 사회집단에는 다양한 분화와 변화가 발생하였다. 루쉬에이(陸学艺, 2002)에 따르면, 중국 사회는 노동자, 농민 두 계급이 중심이었던 사회에서 10개의 다양한 사회계층을 가진 사회로 분화되었다. 그는 현대 중국 사회의 계층 및 직업의 분화과정에서 실질적으로 제일 중요한 경제자원, 조직자원, 문화자원의 점유 정도에 따라 5개의 사회경제 등급과 그에 상응하는 직업 및 계층을 분류하였다. <표 5-1>에서 보듯이, 그는 중국의 10대 사회계층을 조직자원을 점유한 전문 경영자 계층, 경제자원을 점유하고 있는 사영기업주와 문화자원을 점유하고 있는 전문 기술자 계층, 소량의 문화자원과 조직자원을 행사하는 사무직 계층과 소량의 경제자원을 점유하는 자영업자 계층, 소량의 자원을 점유하고 있는 상업·서비스업 종사 계층, 산업 노동자와 농업 노동자계층, 그리고 어떠한 자원도 가지지 못하는 실업 및 반실업 계층으로 나누었다(陸学艺, 2002: 9).

<표 5-1> 5대 사회경제 등급과 10대 사회계층

5대 사회경제 등급	해당 직업	10대 사회계층
상층	고위 지도급 간부, 대기업 경영자, 대사영 기업주, 고급 전문 기술인	국가 및 사회관리계층 전문 경영자 계층
중상층	중간 지도급 간부, 대기업 중간간부, 중소기업 경영자, 중간 전문 기술인, 중간 규모 기업주	사영 기업주 계층 전문 기술자 계층
중중층	초급 전문 기술인, 소기업주, 사무직, 자영업자, 농업 경영자	사무직 계층 자영업자 계층
중하층	직공, 일반 상업 및 서비스업 종사자, 노동자, 농민	상업 및 서비스업 종사 계층 산업 노동자 계층
저층	농업노동자, 실업 및 빈민계층	농업 노동자 계층 실업 및 반실업 계층

자료: 陆学艺, 『当代中国社会阶层研究报告』, 北京: 社会科学文献出版社, 2002, p. 9.

이처럼, 중국의 개혁·개방은 다양한 계층 분화를 초래하였다. 마찬가지로, 중국의 경제성장과 함께 궤를 같이한 다양한 외부자 집단 내부에도 계층 분화는 형성되었다. 단적으로, 왕징 지역의 지속적인 발전은 왕징 지역 한인타운에 거주하는 한국인의 구성에도 큰 변화를 가져왔다. 개발 초기 왕징에 진입한 한국인들이 주로 외국인 거주허가지역 아파트의 월세를 감당하기 힘들었던 중소 자영업자, 중소기업 파견 직원, 그리고 유학생 등이었다면, 종합적인 생활 시설에 대한 제반 인프라 구축 및 전반적인 주거시설의 고급화로 요약되는 왕징 지역의 2차 발전 이후에는 대기업 주재원 및 대규모 자영업자 등을 포함하는 한국인들의 왕징 진입이 가속화되었다. 그 결과 왕징 지역에 고수입 계층의 거주가 증가하게 되었고, 이는 왕징 지역 한국인들의 계층 분화를 가속화화는 결과를 가져왔다.

왕징 한인타운에 거주하는 한국인 이민자 커뮤니티 내에서 이루어지고 있는 사회적 분화는, 왕징 한인타운과 마찬가지로 개혁·개방기 중국 주요 도시에서 형성된 다른 비공식적 공간(informal space)에서의 사회적 분화에 관한 기존 연구를 통해서도 그 중요성을 확인할 수 있다(정종호, 2003; 柯蘭君·李漢林, 2001; 唐灿·冯小双, 2000). 특히 기존 연구들은 개혁·개방기 중국에 형성된 또 다른 초국가 이주 커뮤니티인 대만인의 집단 거주지에서도, 이주의 형태, 직업, 역사, 규모 등에 따라 다양한 계층이 형성되고 있음을 잘 보여주고 있다(耿曙, 2002; 耿曙·林宗盛, 2005; 鄧建邦, 2006; 王宏仁·蔡承宏, 2007; 王茹, 2007). 개혁·개방기 중국 주요 도시에서 형성된 비공식적인 공간에서의 사회분화에 관한 이상의 기존연구 및 왕징에서의 사회분화에 관한 저자의 현지조사에 기반하여, 2012년 기준 왕징

한인타운내에서 형성된 다양한 사회적 분화를 살펴보면 다음과 같다.[1]

I. 한국인 사업가(韓商)

중국에 형성된 대만인 커뮤니티 연구에서 대상(台商)이 대만인 사업가(台籍商人)를 의미하듯이, 한상(韓商)은 중국에 진출하여 개인 사업체를 운영하는 한국인 사업가(韓籍商人)를 의미한다. 왕징 지역의 한상에 대한 정확한 통계자료는 구할 수 없으나 한국인과 조선족에 의해 운영되고 있는 간행물 및 잡지의 광고를 중심으로 그 규모를 파악하여 보면, 2012년 당시 왕징 지역에는 최소 1,500여개의 자영업이 한상에 의해 영업 중인 것으로 추산되었다.[2]

한상은 규모에 따라 소한상(小韓商)과 대한상(大韓商)으로 구분할 수 있다. 그러나 소한상과 대한상을 구분하는 규모에 대해서는 명확한 기준이 없는데, 대신 왕징에 거주하는 한국인들은 소한상과 대한상을 구분하는 다양한 민족지적 기준을 제시하였다. 우선 사업 영역이 종족성의 경계를 넘어서는 정도이다. 예를 들어 왕징 지역에서 가장 큰 한국식당을 운영하고 있는 B씨는 "비즈니스가 한인사회에만 머무르는가 아니면 중국인 주류사회를 대상으로 하는가"의 여부가 소한상과 대한상을 구분하는 중요한 기준임을 강조하였다.[3]

---

1) 이 장에서 제시되고 있는 왕징 한인타운의 사회적 분화 구분에 관한 용어는 중국에 형성된 대만인 커뮤니티 내의 사회적 분화연구를 기초로, 현지조사 및 전문가 인터뷰(사회과학원 王春光 교수와의 2012년 2월11일 인터뷰)를 통해 수정하였다.

2) 2018년 1월 현지조사 당시에는 700여 개의 자영업이 한상에 의해 영업 중인 것으로 추산되었다.

3) B씨 (60대, 남, 한국인 사업가) 인터뷰 내용, 2010.7.21.

이 기준에 따르면, 소한상의 경우 주 고객이 왕징 한인 사회 또는 동일한 민족배경을 지닌 조선족 사회를 벗어나지 않고 있는 반면, 대한상의 고객은 한국인 사회 내에 머물러 있지 않고 중국인 주류사회까지 포함하였다. 또 다른 기준은 왕징 진입의 시기이다. 왕징에서 가장 영향력 있는 언론 매체를 발행하고 있으며 1998년 초에 왕징에 입주한 S씨에 따르면, 왕징 개발 초기 특히 1997년 시작된 아시아 금융위기 당시 외국인 거주허가 지역의 비싼 임대료를 감당할 수 없어서 왕징에 진입한 한상들은 대부분이 소한상인 반면, 대한상은 2003년을 전후하여 왕징에 종합적인 인프라가 구축되고 한층 더 고급화된 아파트들이 건설되면서 진입하였다.4) 마지막으로 사업의 지속정도이다. 이는 중국의 한국인 이민자 사회에서 진행되고 있는 급속한 사회경제적 변화를 반영하는 구분으로서, 왕징에서 음식점을 경영하다가 지금은 의류 도매업을 하고 있는 D씨는 "중국에서 5년 이상 지속적으로 동일한 사업을 유지하고 있다면 대한상, 그렇지 않다면 소한상"이라고 강조하였다.5)

이상과 같은 민족지적 기준을 바탕으로 왕징 한국인 사회의 소한상과 대한상을 살펴보면 다음과 같다. 왕징의 소한상은 왕징 개발 초기부터 왕징에 진입하기 시작하였다. 당시 이들은 1997년 외환위기의 여파로 인해 외국인 거주가 허용된 지역의 높은 임대료를 감당할 수 없어 대안적인 거주 지역을 찾던 중 왕징 지역에 진입함으로써, 오늘날의 왕징 한인타운의 기초를 마련하였다. 최초로 왕징에 거주하기 시작한 한국인 중 한 사람으로 여겨지고 있는 G씨가 대표

---

4) S씨 (50대, 남, 한인저널 발행인) 인터뷰 내용, 2010.7.21.
5) D씨 (50대, 남, 한국인 사업가) 인터뷰 내용, 2010.8.3.

적인 경우이다. 중국에 진출한 한국요식업체의 매니저로 일하다가 1995년 독립하여 자신의 식당을 경영하던 중 1997년 외환위기로 인해 당시 거주하고 있던 옌사 지역 아파트의 비싼 임대료를 감당할 수 없어 고민하던 G씨는, 자신이 운영하던 식당의 중국인 손님 소개로 1998년 왕징서원4구 아파트로 이사하였다. 왕징 아파트의 편리함과 저렴한 월세에 만족한 G씨는 당시 베이징에서 가죽의류 제작 및 판매를 하고 있던 한국인 친구인 Z씨에게 왕징 입주를 권유하였는데, 외환위기로 인해 당시 거주하고 있던 야윈촌 아파트의 비싼 월세를 감당할 수 없었던 Z씨 역시 1999년 왕징서원4구의 아파트 (124㎡, 월세 4,500위안)에 입주하였다.[6] 이렇듯 소한상이 다른 소한상에게 왕징을 소개하면서 오늘날 왕징 한인타운의 기초가 마련되었다. 아직도 적지 않은 소한상들이 왕징 개발 초기에 건설된 아파트 (望京西园三区, 望京西园四区)에 거주하고 있는데, 이들 지역은 현재는 왕징에서 상대적으로 낙후된 주거지역으로 여겨지고 있다.

왕징 한인타운의 소한상은 대부분 한국인을 주요 고객으로 하는 민족경제(ethnic economy)의 범위를 넘지 않았는데, 주로 제조업보다는 중소형 식당, 여행사, 이발·미용, 부동산중개업체, 학원 등 한국인을 대상으로 하는 개인 서비스업이 주류를 이루었다. 따라서 왕징의 소한상은, 역시 한국인을 주 대상으로 종족경제에 종사하고 있는 또 다른 집단인 조선족 자영업자와 대부분의 사업영역에서 경쟁관계에 있으며, 많은 경우 소한상이 개척한 사업영역을 후발주자인 조선족 자영업자가 인수해나가는 양상을 보였다. 예를 들어, 한국인이 운영하는 부동산중개업체가 왕징 지역 전체에 한때는 20개에 달

---

6) G씨 (50대, 남, 한국인 자영업자) 인터뷰 내용, 2006.8.19.

했으나, 2010년에는 한국인이 실명으로 운영하는 부동산중개업체는 왕징 전체에 단지 두 곳(조선족 이름으로 차명 영업하는 업소까지 포함하면 12개)에 불과한 반면, 조선족이 운영하는 부동산중개업체는 30여 개에 달했다.7) 이렇듯 종종 조선족과의 경쟁에서 밀려나면서, 왕징의 소한상들은 새로운 사업영역을 찾아 잦은 업종 변경을 하였다. 앞서 언급한 Z씨가 대표적인 경우이다. Z씨는 한국에서 보일러 무역을 하다가 조선족 친구의 초청으로 1991년 7월에 중국에 진출한 후, 곡물무역, 넥타이 제작을 거쳐, 외환위기 당시 가죽의류 제작 및 판매를 하다가 조선족 친구에게 사업권을 넘겨주고는 1999년 왕징에 입주하였다. 왕징에 입주한 이후에는 PC방 사업을 하였으나, 이 역시 조선족을 포함한 경쟁자들과의 경쟁에서 밀려나면서 사업을 정리하였다. 그러다가 왕징에 한인타운이 본격적으로 형성되는 것을 목격하고는 한국인 자녀들을 위한 교육 사업을 시작하여, 2006년 인터뷰 당시에는 베이징 현지학교와 연계된 국제학부 및 한국인 유학생을 위한 기숙학원을 운영하고 있었다.8)

한편, 왕징의 소한상들은 왕징 한인타운에 찾아 온 위기로 인해 가장 큰 어려움을 겪어왔다. K씨는 2007년 한국에서 국가지원 해외 취업 교육을 통해 왕징으로 왔다. 3년 동안 중국어 공부를 하고 2010년부터 3년간 무역업에 종사하였다가 왕징에서 막걸리집을 열게 되었다. 첫해에는 투자만 하고 가게가 힘들어지자 2년 차부터 직접 운영을 하였다. 이 시기에 '별에서 온 그대', '상속자들', '시티헌터', '태양의 후예' 등 드라마들이 잇달아 호응을 얻으면서 한류가 부

---

7) N씨 (40대. 남, 한국인 부동산중개업체 사장) 인터뷰 내용. 2010.7.22.
8) Z씨 (50대, 남, 한국인 자영업자) 인터뷰 내용, 2006.8.19.

활하였고, 이에 따라 수많은 중국인들이 찾아오는 성황기를 맞게 되었다. 하지만 '고고도 미사일 방어 체계' 갈등 문제가 엄습하면서 중국인 고객의 발길이 끊어지자 매출이 대폭 하락하였다. 2018년 현지조사 당시 K씨는 중국 고객이 다시 찾아오면서 희망이 보이기 시작한다고 하였다. K씨에 의하면, 왕징의 소한상들 사이에서 "사드(THAAD)를 버티는 자만이 살아남는다"라는 말이 유행어처럼 전파되었다고 한다.[9]

한편, 왕징의 대한상은 2003년을 전후하여 왕징 지역이 2차 발전을 이루면서 종합적인 생활시설에 대한 제반 인프라가 구축되고 전

주: 2010년 7월 23일 촬영.

[그림 5-1] 왕징의 고급 아파트단지: 화딩스쟈(华鼎世家), 2010년

---

9) K씨 (30대, 남, 한국인 자영업자) 인터뷰 내용, 2018.1.17.

반적인 주거시설의 고급화가 이루어지는 시기에, 왕징에 집중적으로 입주하였다. 앞서 언급한 B씨가 대표적이다. B씨는 고급화된 주거시설과 편리한 생활시설을 목적으로 2004년 왕징으로 이주하였으며, 2010년 인터뷰 당시 왕징에서 가장 큰 규모의 식당을 직접 소유 및 운영하고 있었다.[10] 따라서 대한상들은 대부분 왕징의 2차 발전 이후 건설된 고급 아파트 등에 거주하고 있다[그림 5-1 참조].[11] 소한상과는 달리 대한상은 중국 주류사회를 주요 사업 대상으로 포함하였다. 앞서 B씨의 경우 고객의 60% 이상이 이미 중국인으로 채워지고 있었으며, 2010년 현재 중국 전역에 500여 개 영업소, 20여 개 하청업체를 보유하고 있던 또 다른 K씨의 의료기기 제조업체 역시 고객의 대부분이 중국인이었다. 따라서 왕징의 대한상에게 사업상 경쟁 상대는, 종족 경제에 기반하고 있는 조선족이 아니라 중국 주류 사회의 사업가들이다.

왕징의 대한상은 왕징 지역은 물론 베이징 나아가 중국 전역의 한인사회 네트워크 형성에 있어서 매우 중요한 역할을 담당하였다. 즉 재중 한인을 대표하는 가장 대표적인 공식 기구인 '중국한국인회'(中国韩国人会)의 회장은 역대로 베이징에 기반을 둔 한인이 선출되어 왔는데 많은 경우 왕징의 대한상이 담당하여 왔으며, 이를 통해 왕징의 대한상은 재중국 한국인 사회의 대표자로서 다양한 공적 활동을 수행하여 왔다. 이렇듯 왕징 한인 사회에 있어서 왕징의 중요성이 확대되면서 2005년에는 중국한국인회의 사무실이 왕징으로 이전하였으며,[12] 왕징의 대한상을 중심으로 2009년 1월에는 '재북경한

---

10) B씨 (60대, 남, 한국인 사업가) 인터뷰 내용, 2010.7.21.

11) 예를 들어, 2012년 기준 融科橄榄城(Olive), 国风北京, 上京新航线, 嘉美风尚, 果岭 CLASS, 北京香颂, 华鼎世家3期, 大西洋新城 F2, 东湖湾 등의 아파트에 거주하고 있었다.

국인회'가 새롭게 왕징에 독립하여 발족되었다.

Ⅱ. 한국인 간부(韓干)

대간(台干)이 대만인 간부(台籍干部)를 의미하듯이, 한간(韓干)은 중국에 진출한 한국기업의 주재원인 한국인 간부(韓籍干部)를 의미한다. 한중 수교 초기 한간은 주로 중국에 진출한 한국계 대기업의 주재원을 의미하였다. 이들 대기업의 주재원은 2000년대 초까지만 해도 주로 야윈춘 및 옌사와 같은 외국인 거주허가 지역에 위치한 고급 빌라 또는 고급 아파트에 거주하였다. 그러다가 2001년 이후 외국인 거주 제한 정책이 서서히 완화되고, 2003년을 전후하여 왕징 지역이 단순 주택기능이 아닌 종합인프라 기능이 완비된 2차 발전을 이루면서, 생활의 편리를 위해 많은 대기업 주재원이 왕징에 진입하였다. 특히 2006년 베이징한국국제학교가 왕징으로 이전하였을 뿐만 아니라, 순이구에 위치한 고급 사립 외국인 국제학교의 통학버스가 왕징 지역까지 운행됨에 따라, 자녀들의 교육을 위해서도 대기업 주재원들의 왕징 입주가 가속화되었다. 예를 들어, 1998년 베이징사범대학(北京師范大學)을 졸업하자마자 국내 대기업에 취직, 2001년 주재원으로 파견되어 옌사 지역에 거주하다가 왕징 지역의 편리한 시설과 자녀들의 교육을 위해 2006년 왕징으로 이주한 C씨,[13] 1997년 상하이 푸단대학(復旦大學) 졸업 후 D기업에 중국전

---

12) 앞서 언급했듯이, 중국한국인회의 사무실은 2008년 12월 산동성 칭다오에 기반을 둔 정효권씨가 회장에 선출되면서 주중대한민국대사관 근처(霄云路)로 이전하였다가, 정효권씨가 회장 임기를 마친 후인 2013년 3월 다시 왕징(里外里公寓)으로 이전하였다.

문가로 채용되어 2000년부터 주재원으로 야윈촌 지역에 거주하다가 역시 편리한 시설과 자녀들의 교육을 위해 2003년 왕징으로 이주한 H씨 등이 대표적인 경우이다.[14] 대기업 주재원의 경우, 대부분 주택 임대료와 자녀 교육비가 연봉에 추가하여 제공되기 때문에, 대기업 한간은 왕징의 2차 발전 이후 건설된 고급 아파트에 거주하며, 자녀들을 미국계 또는 영국계 국제학교에 보내고 있었다. 예를 들어, 2012년 기준 앞에서 언급한 C씨의 경우 매달 2,500달러의 주택보조금, 자녀 당 1년에 10,000달러의 교육보조금을 회사로부터 지원받았으며, H씨는 과장 직급에 따른 주택보조(매달 1,800달러)와 매년 10,000달러의 교육보조금을 회사에서 지원받았다.

대한상과 마찬가지로 왕징의 한간은 재중 한인사회 네트워크 형성에 매우 중요한 역할을 담당하였다. 왕징의 대한상이 중국한국인회를 이끌어왔다면, 왕징의 한간은 중국에 진출한 한국기업의 이익을 대변하는 경제단체인 '중국한국상회'(中国韓國商會)를 실질적으로 이끌어 왔다. 예를 들어, 2012년 인터뷰 당시 중국한국상회 회장을 맡고 있던 SK그룹 주재원 W씨는 왕징 따시양신청(大西洋新城)에 거주하고 있었는데, 중국에 진출한 한국 기업 간의 중국경제정보 교류 및 중국 내 한국기업 활동의 권익 보호를 위하여 중국 정부 및 한국 정부와 긴밀한 활동을 수행하고 있었다.

전통적으로 중국한국상회는 중국에 진출한 대기업과 중견기업의 주재원을 중심으로 구성되는 반면, 중국한국인회는 자영업자들이 중심이 되어 구성됐다. 그러나 대기업 주재원 한간들이 퇴직 후 귀국하

---

13) C씨 (30대, 남, 한국인 주재원) 인터뷰 내용, 2010.7.22.
14) H씨 (30대. 남, 한국인 주재원) 인터뷰 내용, 2010.7.21.

지 않고 중국에 남아 대한상으로 변신하여 중국한국인회의 회장단을 구성하는 경우가 빈번해지고 있는데, 예를 들어 2012년 당시까지 총 6명의 중국한국인회 역대 회장 중 초대, 3대, 4대 회장이 대기업 주재원 한간 출신 한상으로서 당시 모두 왕징에 거주하고 있었다. 이에 반해 공기업에서 파견된 한간들은 대체로 거주기간이 3, 4년에 그치고, 한상들이 직접 찾아와 의뢰하기 때문에 한인 네트워크에 대한 중요성을 크게 느끼지 못하고 있었다. 따라서 대부분의 공기업 한간의 네트워크는 극히 한정되었다. 농수산물 관련 공기업 파견자 S씨가 대표적인데, 중국한국상회에 소속되어 있기는 하지만 거의 활동이 없었다. IT 관련 공기업에서 파견된 J씨는 이러한 공기업 파견 주재원의 교류 부재를 짧은 거주기간과 함께, 현지 한인 또는 중국인과의 교류 필요성이 낮아 동기가 없기 때문이라고 강조하였다.[15)]

최근에는 주재원 출신 한간들 중 퇴직한 이후 중국회사에 이직하는 현상도 늘어나고 있다. 이들 대부분은 퇴직금만으로 생활의 어려움을 느껴 다시 생활전선에 뛰어들어 직장생활을 하게 된 사례라고 볼 수 있다. 일부는 다시 한국으로 들어가 이직을 하여 기러기 생활을 하게 되는 전(前) 한간들도 존재한다. 또 다른 일부 주재원 한간들은 퇴직을 하고 무직 상태로 생활을 하는데, 이 경우에는 배우자가 대신 생활전선에 뛰어들기도 한다. 대부분 학생 자녀의 교육비가 가장 큰 원인이라고 할 수 있다.[16)] 특히 이러한 현상은 '고고도 미사일 방어 체계' 사태 이후 정리해고로 인해 늘어가는 추세이기도 하다.

한편 중국에 진출하는 한국기업의 수가 증가하고 진출 분야도 다

---

15) J씨 (30대, 남, 공기업 근무자) 인터뷰 내용. 2018.1.10.
16) L씨 (40대, 여, 한국인) 인터뷰 내용, 2018.1.9.

양해짐에 따라, 한간 내부에서도 분화가 야기되었다. 특히, 삼성전자, LG전자, 현대 자동차의 중국 시장 진출은 관련 업체들의 중국진출을 촉진하였고 이들 업체에 의해 파견된 중소기업 주재원 한간들역시 왕징 지역에 입주함에 따라, 왕징의 한간 집단은 다양해지고있다. 중소 업체에서 근무하는 한간들은 급여와 복리 면에서 상대적으로 열악한 대우를 받고 있으며, 매우 제한적인 주재 수당을 받고있다. 따라서 대기업 주재원 한간과는 달리 중급의 아파트(예를 들어, 望京西园三区, 望京西园四区)에도 거주하고 있다. 최근에는 중국에서 유학을 마치고 한국계 기업에 현지 채용되거나, 또는 한국계기업이나 기타 외국계 기업에 취업하지 못하고 대신 중국계 기업에취업하게 된 중국 유학생 출신 한국인들이 왕징에 입주하면서, 왕징한간 사회에도 새로운 분화가 이루어지고 있다. 이들은 주재원과는달리 별도의 주재 수당을 받지 못하므로, 일반적으로 왕징의 한간중 낮은 계층을 구성하고 있다. 하지만 왕징 지역의 집값이 폭등함에 따라 하층부터 고위층 한간들 모두 고가의 생활비와 집세의 문제를 해결하기 위해 베이징 외곽의 허베이성 옌자오(燕郊) 지역 등으로 거주지를 이전하는 경우가 나타나고 있다.

Ⅲ. 한국 유학생(韩生), 한국인 배우자(韩太), 한국인 무직자(韩无), 한국인 노동자(韩工)

한생(韩生)은 중국의 각급 학교에서 유학하고 있는 한국 학생인한적학생(韩籍学生)을 의미한다. 수교 이후 중국으로의 유학이 많이 증가하였는데, 수교 20주년이던 2012년 당시 중국의 한국 유학생은 63,488명으로 한국은 중국 내 전체 유학생 중 가장 큰 비중을 차지하고 있었다.[17] 한생은 베이징 최초의 본격적인 한인타운인 우다오커우 한인타운 형성에 직접적인 역할을 수행한 것과 마찬가지로, 왕징의 한인타운 형성에서도 중요한 역할을 하였다. 즉, 왕징 근처에는 중국사회과학원연구생원(中国社会科学院研究生院), 중앙미술학원(中央美术学院), 베이징청년정치학원(北京青年政治学院), 베이징중의학원(北京中医学院), 베이징경제간부관리학원(北京经济管理干部学院) 등 많은 교육 기관들이 밀집해 있었는데, 이들 교육기관에서 유학하고 있던 한국학생들이 왕징 개발과 함께 왕징 뉴타운 아파트에 입주하면서 소한상과 함께 왕징 한인타운 형성의 기초를 마련하였다.

한생은 중국에서 학업을 마친 후, 한편으로는 한국계 기업의 주재원으로 다시 중국에 파견되어 한간으로, 또 다른 한편으로는 기업가적 창업을 통해 한상으로 변화함으로써, 왕징 한인타운의 사회적 분화를 역동적으로 만드는 중요한 집단이 되고 있다. 앞에서 언급한 C씨와 H씨는 한생에서 한간으로 분화한 대표적인 경우이다. 한편 Y씨는 한생에서 한상으로 분화된 경우이다. Y씨는 한국에서 대학을 다니다가 중퇴하고는 1992년 베이징어언학원(北京语言学院, 지금의 北京语言大学)에 한어연수생으로 입학하였다. 어원학원에 다니던 중 당시 베이징에 진출한 대형 한국식당에서 지배인으로 아르바이트를 하다가 요식업에 관심을 가져 2002년 설렁탕 전문점을 시작

---

17) 中华人民共和国 教育部, "2012年全国来华留学生简明统计报告." http://www.moe.gov.cn/publicfiles/business/htmlfiles/moe/s5987/201303/148379.html.

하여 2012년 당시 두 곳의 체인점을 경영하고 있었다.[18]

한태(韓太)는 중국에서 사업을 하고 있거나(韓商), 주재원으로 있거나(韓干), 그리고 때로는 유학 중인(韓生) 남편을 따라 이주해온 여성 배우자(韓籍太太)를 의미한다.[19] 왕징의 종합생활 인프라가 구축되고 제반 생활 여건이 향상됨에 따라 왕징 진입 한국인의 이주 패턴이 점차 장기화 및 가족 동반의 추세로 발전하면서, 가족을 따라 이주해온 한태의 수 역시 급격히 증가하였다. 왕징의 한태들은 중요한 생활 정보나 특히 자녀의 교육 정보 등 서로에게 필요한 정보를 나누면서 자신들만의 방식으로 현지 사회에 적응하였다. 한태의 등장은 왕징 한인 사회의 다양화를 야기하였을 뿐만 아니라, 특히 중요한 소비 주체로서 왕징의 소비영역에 많은 변화를 가져왔다. 예를 들어, 롯데마트와 같은 한국계 대형 마트의 왕징 진입은 물론, 요가, 골프 학원, 피부 관리샵 등과 같은 소비 공간의 왕징 출현을 결과하였다.

한편, 한무(韓无: 无固定职业者 및 无固定收入者)는 개인사업체 또는 직장이 없이 왕징에 거주하고 있는 집단인데, 따라서 고정적인 수입이 없거나 아주 적은, 경제적으로 왕징 한국인 사회에서 가장 하위 계층에 속하는 집단이다.[20] 이들은 임대료가 지극히 저렴한 난

---

18) Y씨 (30대, 남, 한국인 자영업자) 인터뷰 내용, 2010.7.21.

19) 한마(韓媽, 韓籍媽媽)로 불리기도 한다.

20) 중국에 형성된 대만인 커뮤니티 연구에서는 이와 유사한 집단에 대하여 대류(台流: 台籍盲流)라는 용어가 사용되고 있다. 따라서 왕징 한국인 커뮤니티에 대해서도 한류(韓流)라는 용어가 사용될 수도 있으나, 한류라는 단어가 이미 다른 뜻으로 사용되고 있으므로, 대신 한무(韓无)라는 용어를 사용하였다. 왕징의 일부 한국인들은 왕징 한인타운에서 최하층을 점하고 있는 이들을 신(조)선족[(新(朝)鮮族)]이라고도 지칭하는데, 이는 기존 조선족에 대한 왕징 한인들의 우월적 편견 의식이 바탕에 있는 용어이다. 한편, 김윤태·안종석(2009)은 이와는 다른 맥락에서 한중 수교 이후 중국에 장기 거주하는 한국인을 총괄하여 신선족이라는 명칭을 사용하고 있다.

후둥위엔 및 난후중위엔 등에 거주하며, 심지어 왕징 서원3구나 왕징 서원4구의 아파트 지하를 불법으로 개조한 지하실 방에서 중국의 개미족(蟻族)과 마찬가지의 수준으로 거주하기도 하였다. 한무 집단의 형성 경로는 다음과 같다.

우선, 소한상 중 일부가 사업에 연이어 실패하면서 한무 집단이 된 경우이다. 특히 2008년 국제금융위기 당시 사업을 청산하게 된 소한상이 왕징의 한무를 구성하고 있다. 왕징 지역에서 민박집을 운영하였던 F씨가 이 경우에 속한다. F씨는 한국의 한 대학교 교직원으로 근무하다가 1997년 외환위기 이후 중국에서 완구제조업을 하던 선배와 동업하기로 하고 중국에 진출하였으나, 사업의 실패로 2003년 완구제조업을 정리하고 왕징에 진입한 후에는 남은 자본으로 민박업을 시작하였다. 그러나 불법체류자, 탈북자, 그리고 선교 등의 문제로 인해 민박업이 공안국의 주요 관리대상이 되면서, 2008년 국제금융위기 당시 민박업 역시 청산하였다. 동시에 비자도 만료되어 불법체류자 신분으로 전락한 F씨는 인터뷰 당시 왕징 난후둥위엔의 90㎡ 아파트를 월세 2,500위안에 임대하여 거주하고 있었다.[21]

왕징의 한무 집단을 구성하는 또 다른 그룹은 구조조정으로 인해 실직한 한국계 중소기업 한간 중 일부가 왕징에 잔류하며 한무 집단이 된 경우이다. 2001년 중견 광고업체의 주재원으로 중국에 파견되었으나 실직당한 L씨가 대표적인 경우이다. L씨는 실직한 이후 귀국하지 않고 왕징의 한국인 식당, PC방, 여행사 등에서 일하며 생계를 유지하고 있었는데, 인터뷰 당시 왕징에서 거주환경이 가장 열악한 왕징 서원4구의 지하실 단칸방(월세 500위안)에 거주하고

---

21) F씨 (50대, 남, 한국인) 인터뷰 내용, 2010.7.24.

있었다.[22)]

마지막으로, 한국에서 이미 사업 실패 또는 다른 이유로 인해 빚을 지고 있는 한국인들이, 제2의 기회를 위해 특별한 기술이나 자본 없이 중국으로 이주하여 왕징의 한무 집단이 된 경우이다. M씨가 대표적인 경우이다. M씨는 국내 대표적인 식품회사에서 근무하다가 1995년 개인 창업을 하였으나 1997년 외환위기 이후 사업을 청산하고는 마지막 기회를 찾아 2001년 왕징에 진입하였다. 당시 왕징에는 한국인 약 1천 세대가 거주하고 있었는데, 친분이 있던 한국인 유학생으로부터 140㎡ 규모의 왕징 서원4구 아파트를 소개받아 상대적으로 저렴한 가격인 월세 2,700위안에 거주하는 동시에, 왕징 서원3구의 168㎡ 아파트를 월세 5,000위안에 추가로 임대하여 사무실로 사용하면서 단말기 납품업을 시작하였다. 그러나 연이은 사업 실패와 특히 2008년 국제금융위기로 인한 환율 급등을 견디지 못하고 모든 재산을 정리하고는 난후둥위엔의 100㎡ 아파트에서 친구와 함께 월세 3,500위안에 거주하고 있었다.[23)]

한편, 왕징 한무 집단 중 일부가 한국인이 운영하는 식당 또는 심지어 중국 현지기업에서 중국의 육체노동자 수준의 낮은 급여를 받으며 관리직이 아닌 노동직으로 일하는 한공(韓工: 韓籍打工者)으로 분화되기도 하였다. 그렇다면 일정한 수입과 직업도 없이 왕징의 한무 집단이 한국으로 귀국하지 않고 왕징에 잔류하는 이유는 무엇일까? 대부분의 한무 집단은 특별한 대안이 없는 한국보다는, 새로운 기회가 올 것만 같은 중국에서 기회를 엿보며 잔류하는 것이 합

---

22) L씨 (50대, 남, 한국인) 인터뷰 내용, 2010.7.24.
23) M씨 (50대, 남, 한국인) 인터뷰 내용, 2010.7.22.

리적이라고 생각하고 있었다. 그러나 왕징에서 설렁탕 전문점을 운영하고 있는 앞서 언급한 Y씨는, 그나마 한국에서는 영위할 수 없는 생활수준을 유지할 수 있다는 점, 외국인 이곳에서는 사회적 체면을 생각하지 않아도 된다는 점, 그리고 중국인과 조선족에 대비되는 상대적인 우월감 등이 왕징의 한무 집단이 한국에 귀국하지 않고 왕징에 머무르고 있는 진정한 이유라고 지적하였다.[24]

Ⅳ. 소결

왕징 한인타운 내에 형성된 사회적 분화에 대한 분석은, 지난 20년이 넘는 정착과정을 통하여 왕징의 한국인 이민자 사회가 다양한 직업, 다양한 소득, 다양한 신분, 다양한 이주 목적에 따라, 한상, 한간, 한생, 한태, 한무, 한공 등 다양한 이주 집단으로 분화되고 있음을 보여주고 있다. 특히 왕징 한인타운 한국인 이민자 사회 내의 사회계층 분화가 왕징 지역의 부동산 개발 및 재개발과 밀접한 관련이 있음을 보여주고 있다. 즉, 왕징 지역에 한인타운의 기초를 마련한 초기 개척자들이 주로 외국인의 거주가 허용된 지역의 비싼 임대료를 감당하기 힘들었던 소한상 및 유학생인 반면, 종합적인 생활 인프라가 구축되고 고급 아파트가 추가로 건설되면서 이루어진 왕징 2차 발전 이후에는 대기업 주재원 한간 및 중국에서 사업에 성공한 대한상이 왕징 한인타운의 발전을 주도하였다. 여기에 더하여 특별한 사업이나 일자리 없이 왕징을 떠도는 한무 집단이 등장하면서 왕

24) Y씨 (30대, 남, 한국인 자영업자) 인터뷰 내용, 2010.7.21.

징의 한국인 사회는 다양한 사회적 계층을 포함하는 분화의 과정을 경험하였다.

이상과 같은 왕징 한인타운의 사회계층 분화는 다음 두 가지 중요한 사실을 시사한다.[25] 우선, 왕징 한인타운 내의 다양한 집단 사이에 빈번한 사회적 이동이 이루어지고 있다는 사실이다. 앞서 살펴본 바와 같이 한생은 중국에서 학업을 마친 후 기업에의 취업을 통해 한간으로, 기업가적 창업을 통해 한상으로 변화하고 있으며, 한간 역시 소한상과 대한상으로 분화 및 이동이 이루어지고 있다. 특히 중국으로의 국제이주를 통해 경제적, 사회적 지위의 상향 이동을 꿈꾸던 이주자들의 기대와는 달리, 한무 및 한공 등과 같은 의도하지 않은 사회적 지위의 하향 이동이 왕징 한국인 커뮤니티 내에서 빈번하게 이루어지고 있음을 보여주고 있다.

또한, 왕징 한국인 사회 내 다양한 집단들이 자신들의 사회적 지위를 나타내는 지시체에 대하여 상당히 공유된 지식을 구비하고 있으며, 이를 통해 '구별 짓기'를 행하고 있다는 사실이다.[26] 2012년 현지조사 당시 왕징 한국인 사회 내에서 다양한 집단의 사회적 지위를 나타내는 지시체 중 가장 대표적인 것은 거주지 아파트와 자녀들이 다니는 학교였다. 예를 들어, 대한상 및 대기업·공공기관 주재원 한간은 생활환경이 탁월하고 고급스러운 아파트—예를 들면, 华鼎世家, 大西洋新城 F2단지, Class, 融科橄榄城 Olive—에, 중소 규

---

25) 왕징 한인타운의 사회적 분화와 함께 왕징에 거주하는 조선족 커뮤니티 내에서도 계층 분화가 진행되었다. 최상층에 성공한 자영업자 또는 중견기업가가 위치하였고, 중간층으로 영세 자영업자, 중소기업 경영자가 위치하였는데, 이들 중 일부는 주택구입자에게 주어지는 허베이성 호구 취득을 목적으로 허베이성 옌자오로 이주하기도 하였다. 그리고 최하층에는 한국으로 건너가 이주노동자로 생활하는 것을 꿈꾸는 조선족 노동자 집단이 존재하였다(설동훈·문형진, 2020: 46-47).

26) '구별 짓기'에 대해서는 Bourdieu (1984) 참조.

모의 회사 주재원 한간 및 소한상은 보성원(宝星园) 및 왕징 서원3 구 등에, 영세한 자영업자, 유학생은 왕징 서원4구에, 고정적인 직업이 없고 생활이 불안정한 한국인들은 난후둥위엔, 난후중위엔 등에 거주하고 있었다.[27] 자녀들의 교육 역시 사회적 집단 간의 구분이 확연히 드러나는 영역이었는데, 대한상 및 대기업·공공기관 주재원 한간의 자녀는 주로 영어권 국제학교, 중소 규모의 회사 주재원 한간 및 소한상의 자녀는 왕징에 있는 베이징한국국제학교 또는 중국학교의 국제부, 마지막으로 중국어로 수업하는 중국 로컬학교 순으로 자녀의 교육문제를 해결하였다. 이상과 같이 사회적 지위 지시체가 주로 거주지 아파트나 자녀들의 학교처럼 명시적이고 실제적인 기준에 집중되어 있는 것은, 이민자집단으로서의 왕징 한국인 사회가 정착지인 중국사회에서는 모국인 한국사회에서와는 달리 다양한 '권력의 문화적 넥서스'(cultural nexus of power)를 갖추지 못한 것으로 이해할 수 있다.[28]

---

27) 주택임대가격을 비교하여 보면, 2010년 7월 당시 3실용 아파트 기준 월세는, 华鼎世家 12,000-18,000위안, 大西洋新城 F2 단지 13,000-18,000위안, 果岭CLASS 15,000-19,000 위안, 宝星园 8,000-9,000위안, 望京西园3区 6,000-8,000위안, 望京西园4区 5,000위안, 南湖东园 및 南湖中园 3,000-4,000위안이다.

28) '권력의 문화적 넥서스'(cultural nexus of power) 개념에 대해서는 Duara (1988) 참조.

제6장

결론

한중 수교 이후 중국에 형성된 가장 대표적인 한인타운인 베이징 왕징 한인타운에 관한 본 연구는 개혁·개방기 베이징에 형성된 다른 비공식적 공간들과의 비교연구를 진행함으로써 왕징 한인타운의 형성 및 발전과정의 특징을 조명하고자 하였고, 동시에 왕징 한인타운 내에 형성된 사회적 분화를 분석함으로써 왕징 한인에 대한 기존 연구에 사회적 분화라는 역동적인 차원을 제공하고자 하였다. 이러한 목적에 따라 본 연구는 우선 개혁·개방기 베이징에 진입한 농촌 출신 이농민의 집단 거주지 공간과의 비교를 통해, 왕징 지역이 베이징의 다른 성향결합부와는 다른 발전 과정을 이루어 왔음을 보여주었다. 즉, 이농민의 집단 거주지가 위치한 베이징의 다른 성향결합부 지역이 베이징호구 소지자 농민 및 이들에게 임대료를 내는 이농민 간의 상호 보완적인 연대에 기반한 '도시 속 농촌'(城中村)으로 변화했지만, 왕징 지역은 성향결합부 초기부터 베이징시 정부의 주도 아래 대형 개발상이 참여한 도시건설 계획에 의해 건립되었으며, 따라서 임대료를 목적으로 한 베이징 주민 부재지주와 저렴하면서도 편리한 거주 시설을 확보하려 한 한국인들 간의 연대로 인해 '도시 속 도시'(城中城)로 변화되었다(정종호, 2013: 452).

베이징의 다른 성향결합부와는 명확히 구분되는 왕징 지역의 독특한 발전은 중국의 도시발전에 대하여 하나의 중요한 모델을 제시하고 있다. 개혁·개방기 급격한 도시화에 따른 무분별한 도시 확산(urban sprawl) 및 개발은 이농민의 비공식적인 집단 거주지가 집중된 '도시 속 농촌'을 중국의 주요 도시에 형성하였고, 이러한 '도시 속 농촌'은 도시 발전과정에 있어서 종종 대립 및 갈등의 공간으로 되었다(Ma and Wu, 2005). 동시에 중국의 부상과 함께 중국을 방문하는 외국인의 급속한 증가 역시 중국의 주요 도시에서 새로운 대립과 갈등의 비공식적 공간을 형성하여 왔다(耿曙, 2002; 耿曙·林宗盛, 2005; 鄧建邦, 2006; 马晓燕, 2008; 张丽娜·朴盛鎮·郑信哲, 2009; 郑信哲·张丽娜, 2008).

반면, 왕징 지역은 비교적 초기에 베이징시 정부에 의해 도시건설 계획에 따라 건립되었으며, 당시 중국인들에 비하여 상대적으로 우월한 경제적인 역량을 갖춘 한국인들에 의해 '도시 속 도시'로 변화되었고, 이어 종합적인 생활 시설에 대한 제반 인프라 구축 및 전반적인 주거시설의 고급화로 요약되는 2차 발전에 힘입어, 왕징 지역은 더욱더 국제화된 지역으로 변화되면서 독특한 발전을 유지하고 있다. 일부 한국인은 다른 지역으로 거주지 또는 사업체를 옮겨 정착하였지만, 새로운 이민자가 왕징으로 유입되어 굳건하게 그 자리를 지키고 있다. 비록 인구 규모와 경제력 등의 방면에서 이전만큼은 아니지만, 조선족뿐만 아니라 한족 중국인들과 협력체계를 구축하면서 새롭게 활로를 모색하고 있다. 세계 최대 온라인 유통업체인 알리바바와 거래하는 업체들이 왕징에 입주하고 있고, 정보통신기술 업체들도 새롭게 이주하고 있다. 이전의 제조업 중심 기업 환경이 정보와 유통 중심으로 재편되고 있고, 그 결과 인적 구성 또한 변화하고 있다. 아울러 유학생들의 지속적인 유입 또한 무시할 수 없는 수준이다. 한국인 기업가와 주재원 중심으로 운영되던 한인 커뮤니티에 중국 기업가가 포함되고, 그들과 협력관계를 유지하는 한국인 관계자들이 추가로 들어오면서, '새로운 한중 네트워크'가 만들어지고 있다. 이제 왕징 한인타운은 한국인만의 집결지가 아니라, 한국인, 조선족, 한족 중국인 또는 외국인이 긴밀한 상호작용을 주고받는 '국제도시'(国际社区)로 확대 재편되고 있다. 즉, 왕징 한인타운은 '세계도시'(global city) 베이징의 국제기능을 수행하는 지역으로 거듭나고 있다.

왕징 지역의 형성 및 발전 경험을 재구성하는 것은 중국의 도시발전연구는 물론 중국의 외국인 정책 개선 및 재중 한인 사회의 발전을 위해서도 매우 중요한 의미를 지닌다. 기존 연구에 의하면, 외국인 집거지역에 대한 중국의 관리모델은 지역적 특성에 기반하고 있다(譚玉·蔡志琼, 2014: 82).

우선, '베이징모델'(北京模式)은 기본적으로 전통적 상명하달의 방식을 채용한 모델로서, 외국인 관리 서비스 센터 설립과 운영 대부분을 해당 외국인 집거지역이 소재한 가도판사처(街道办事处)를 중심으로 정부가 담당하며, 공공안전 업무는 파출기구가 담당한다. 베이징 올림픽 이후, 외국인 집중 거주지역에 대한 서비스 관리가 향상되고는 있지만, 여전히 상명하달의 체제하에서 외국인 집거지역 관리에 대한 정부기구의 통제와 간섭이 중심인 편이다.

반면, '상하이모델'(上海模式)은 반(半)자치식의 관리모델로서, 외국인이 집중적으로 거주하는 지역에 형성된 다양한 사회집단이 참여하는 공치(共治)기관을 중심으로 거주자 주민의 참여를 장려하고 있다. 즉 외국인 집중 거주지역 당위원회의 지도와 지역사회위원회의 참여 하에, 다양한 국적을 가진 주민들의 참여는 물론 민간조직, 주거지단위(驻区单位) 등 다양한 조직이 참여하는 '지역사회 건설추진 위원회'와 같은 공동관리플랫폼(共治平台)을 편성하여 최대한도 내에서 지역사회의 자원공유를 실현하고 외국인 거주자 집단의 요구를 적극적으로 반영하고 있다. 따라서 베이징 모델과는 달리 상하이모델에서는 정부의 지도 아래 지역사회조직과 주민이 지역사회업무를 관리하는 반자치적 성격을 지닌다.

한편, '광저우모델'(广州模式)은 다원공동관리(多元共治)의 모델로서, 외국인 관리를 위한 통일된 섭외관리업무기구를 설립한 가운데, 공안기관, 공상국(工商局), 유동인구 관리부처, 부동산 임대기구 등 정부의 관리 부문과 지역사회 관리의 각 부문이 체계적·유기적으로 연결되어 외국인 거주지역을 관리하는 형식이다. 이상의 모델들은 지역적 특성을 반영하고는 있으나, 여전히 정부 주도의 성격이 강한 관리의 모델이다.

한편, 왕징 지역을 관할하고 있는 중국의 현지정부(望京街道办事处)는 외국인 관리정책 개혁과 관련하여 왕징 한인타운을 중심으로 중요한 실험을 하였다. 즉, 외지인구의 왕징 진입을 제한하는 동시에 인정하지 않았던 기존의 통제 위주의 정책에서, 외국인에 대한 적극적인 서비스 관리로 정책전환을 모색하였다. 외국인 관리의 새로운 모델로 모색되고 있는 왕징 가도정부의 이러한 정책전환에 따라, 기존 공안부문에서 주로 담당하였던 외국인에 대한 관리를 사구(社区)가 담당하고 있으며, 기존 '통제 위주의 관리'가 '적극적인 서비스 제공을 통한 관리'(以服務為中心的管理)로 바뀌었다.[1] 이를 '왕징모델'(望京模式)로 부를 수 있을 것이다.

구체적으로는 중국에서는 최초로 2010년 11월 외국인 서비스 센터(外国人服务管理站)를 설립하여 외국어에 정통한 관리자를 배치함으로써, 외국인을 위한 다양한 서비스 업무를 제공하였다. 이를 통해 기존 공안 부문 산하 파출소에서 담당하던 외국인 등록업무를

---

1) 왕징가도판사처(望京街道办事处) 부주임(副主任)에 따르면, 이상과 같은 왕징의 실험은 베이징시정부에 의해 외국인 관리의 새로운 모델(望京外籍人管理新模式)로 논의되었다. 2012.2.6 인터뷰. 또한 李曉雨(2011) 참조.

이관하였을 뿐만 아니라, 왕징 진입 외국인에게 주택, 의료, 자녀교육에 대한 정보 및 법률자문(중국어, 영어, 한국어 3개의 언어로 외국인들을 위한 대외법률규정 공지)을 제공하였다. 또한, 현지의 한족 주민들과 외국인들이 상호 교류할 수 있는 기구 및 경로의 구비가 필수적이라는 인식하에, 상호교류를 위한 공식적·비공식적 기구를 설립하였으며 이를 위해 왕징 거주 한국인 대표, 왕징 사구 한족 주민 대표, 왕징가도판사처 관계자가 참여하는 협의체를 구성하였다. 여기에 더하여, 한국 민간조직과의 소통과 교류를 통해 한국인과의 각종 문화교류 활동을 전개하였는데, 예를 들어 2013년부터 시작된 '국제 문화예술 위크'(国际文化艺术周)는 매년 개최되고 있다. 이러한 서비스와 함께 관리 역시 국제화를 강화하고 있는데, 이를 위해 외국어전문직이 배치된 대외경찰공무원소조를 설립하였다.

　이상과 같은 실험을 통하여 왕징 지역을 관할하고 있는 중국의 현지정부는 외국인 관리정책 개혁과 관련하여, 기존 강제성 위주의 관리통제에서 벗어나 경계적인 행정관리를 강화하는 '서비스제공자'(服务者)로의 변화, 획일적인 법률과 규정의 적용에서 탈피하여 외국인 관리를 위한 정책과 법률을 보충하는 '제정자'(制定者)로의 변화, 외국인 관리의 소홀을 극복하고 적절한 법집행을 수행하는 '규범자'(规范者)로의 변화, 상명하달식 구조를 넘어 외국인 구성원의 지역사회 참여를 장려하여 지역사회자치와 자율을 강화하는 '추진자'(推动者)로의 변화, 중국인과 외국인간의 오해의 장벽을 넘어 지역사회 구성원간의 다양한 문화교류활동 및 중국인과 외국인간의 소통을 확대하는 '연결자'(搭建者)로의 변화를 추구하고 있다.[2]

----

2) 중국정부의 외국인 관리정책과 관련하여 제시된 '서비스제공자'(服务者), '제정자'(制定

최근 중국정부는 규제 강화된 소방안전법으로 한국기업을 비롯한 왕징의 모든 기업에 위협의 대상이 되기도 하지만, 동시에 '차오양구 왕징 국제인재 사구건설 실시방안'(朝阳区望京国际人才社区建设实施方案)에 따라 지역사회의 발전과 인재들을 끌어올 수 있게 업무 시스템 고도화, 글로벌 기업의 발전을 위한 국제인재 창업 장려, 의료, 교육 등 시설의 발전, 그리고 국제화 기준 서비스 교육 등 네 가지 방안을 내세우며 지역사회의 국제화를 추구하고 있다.[3] 그렇지만 현재 상황으로는 왕징 지역의 국제화 속도는 느린 편이다. 왕징 지역 국제화 지연의 이유로는 도시발전과정에서 발생한 다음과 같은 세 가지 모순적인 요인을 꼽을 수 있다.

첫째, 도시발전 전략으로 인해 수많은 중국의 IT기업들이 왕징을 거점으로 선정하면서, 왕징 지역의 부동산 가격과 인건비가 눈에 띄게 상승하였다. 주거비와 생활비가 부담스러워진 한국인, 조선족, 그리고 중국인 일부가 왕징을 떠나고, 부유한 중국인들이 그들의 빈자리를 보충하게 되면서 민족적 다양성이 줄어들었고 지역사회의 국제화를 지연시키는 요인이 되었다.

둘째, 한국식품·한국상품·한국기업의 경쟁력 저하이다. 2010년대 왕징 지역사회에서 성공한 자영업자와 기업은 브랜드 이미지의 설립보다 매출의 최대화에 초점을 두었다. 이는 한국문화콘텐츠의 인기에 힘입어 무임승차식으로 가능하였다. 그러나 현재 한국의 상품은 한국이라는 이유로 더 이상 인기를 끌지 못하고, 한국식당들도

者), '규범자'(规范者), '추진자'(推动者), '연결자'(搭建者) 개념에 대해서는 谭玉·蔡志琼 (2014) 참조

3) 金组新, "朝阳区统筹推进望京国际人才社区建设 助力朝阳国际化发展." 北京组工, 2017.8.25, http://www.bjdj.gov.cn/news/2017825/n031323026.html

중국 식당들의 고급화를 따라가지 못하고 있다. 결국 '고고도 미사일 방어 체계' 갈등이 부각됨에 따라 경쟁력이 없는 기업들이 정리되었고, 이는 왕징 지역사회 한국인 수를 대폭 감소시키는 결과를 초래하였다.

셋째, 새로운 비자정책이다.[4] 신(新)비자 심사정책이 학력이나 능력이 있는 글로벌 인재 혹은 부유한 개인 이외의 사람들을 배제하는 점수제 시스템으로 변화됨에 따라, 왕징에 20년 이상 거주하던 한국인이라도 언제든지 추방될 수 있게 되었다. 실제로 이러한 일이 일어나면서 인터뷰 대상 모든 교민들은 베이징의 국제화에 대해 의구심을 품고 있다. 현재 베이징정부는 인구 관리에 우선순위를 두고 있다. 즉, 새로운 비자발급정책은 외국인 고급인력을 중시하는 반면, 민족과 사회계층의 다양성에 대해서는 엄격히 규제하고 있다. 왕징 한인의 사회계층 분화와 관련하여 보면, 중국정부는 중산층 이상의 '한국인 사업가'(韓商)와 '한국인 간부'(韓干)에 대해서는 포용하고, '한국 유학생'(韓生), '한국인 배우자'(韓太), '한국인 무직자'(韓无), '한국인 노동자'(韓工)에 대해서는 배제하는 정책을 펴겠다는 의지를 밝힌 것으로 해석할 수 있다. 사회계층 분화가 거주와 활동 공간의 분화로 진행된 상황에서, 이러한 정책이 추진될 경우 왕징은 그 주민의 구성이 다시 재편될 가능성이 크다.

2017년 5월 발표된 베이징시 정부의 국제화정책은 초기단계에 있으며, 따라서 왕징지역의 국제화 방향은 아직은 지켜보아야 할 사안이라고 볼 수 있다. 긍정적으로 볼 수 있는 점은 국제화 사구(社区) 건설방안 등의 정책들이 지속되면서, 중국정부가 국제화사구 건설을

---

4) 이에 대해서는 김윤태·예성호(2013) 참조.

새로운 목표로 설정하고 있다는 사실이다. 이러한 점에서 볼 때, 중국정부의 정책변화는 국제적인 사구로 주목받고 있는 왕징에 대한 실험을 통하여, 중국의 다민족·다국적 사구건설의 일반 모델을 창출하려는 움직임을 반영하고 있다고 할 수 있다.

참고문헌

김윤태·안종석. 2009. "중국의 신선족(新鮮族)과 한인타운." 『중소연구』, 33(4): 39-64.

김윤태·예성호. 2013. "중국의 외국인 관리제도와 관리행정조직." 『한국이민학』, 4(2): 5-26.

박광성. 2010. "초국적인 인구이동과 중국조선족의 글로벌 네트워크." 『재외한인연구』 21: 357-374.

백권호·장수현·김윤태·정종호·설동훈. 2010. 『재중한인사회연구: '한인타운'을 중심으로』. 경제인문사회연구회.

선봉규. 2017. "초국적 공간에서 중국조선족의 커뮤니티 활동과 기능: 베이징 왕징지역을 중심으로." 『동북아문화연구』, 52: 243-263.

설동훈·문형진. 2020. "베이징 왕징 코리아타운의 발전: 생성·성장·재편의 역동성." 『중국과 중국학』, 39: 25-54.

예동근. 2009. "글로벌시대 중국의 체제 전환 과정하의 종족 공동체의 형성: 북경 왕징(望京) 한인타운을 중심으로." 고려대학교 대학원 사회학과 박사학위논문.

_____. 2010a. "종족성의 자원화와 도시 에스닉 커뮤니티의 재구성: 북경 왕징(望京)한인타운 조선족결사체를 중심으로." 『동북아문화연구』, 25: 531-547.

_____. 2010b. "글로벌시대 중국의 체제전환과 도시종족공동체 재형성: 북경 왕징 한인타운의 조선족 공동체 사례 연구." 『한국민족연구논집』, 43: 159-184.

외교부. 2017. "2017 재외동포현황 (2016년 말 기준)." http://www.mofa.go.kr/travel/overseascitizen/index.jsp.

_____. 2019. "재외동포현황 2019년." http://www.mofa.go.kr/www/wpge/

m_21507/contents.do.

이윤경・윤인진. 2013. "왕징 코리아타운 내 조선족과 한국인 간의 상호
　　인식과 사회관계: 다자적 동족집단모델의 도입."『한국학연구』,
　　47: 321-345.

_____. 2015. "중국 내 한인의 초국가적 이주와 종족공동체의 형성 및 변
　　화: 베이징 왕징 코리아타운 사례 연구."『중국학논총』, 47: 271-305.

정종호. 2000. "중국의 '流動人口'와 국가-사회 관계 변화: 북경 '浙江村'
　　사례를 중심으로,"『비교문화연구』, 6(2): 127-170.

_____. 2003. "이농민에서 기업가로: 북경 '절강촌'(浙江村) '유동인구'(流
　　動人口)의 사회계층분화."『한국문화인류학』, 36(2): 37-72.

_____. 2008. "북경시의 도시재개발 정책과 북경 '동향촌(同鄕村)'의 변
　　화."『현대중국연구』, 9(2): 37-79

_____. 2013. "왕징모델(望京模式): 베이징 왕징 코리아타운의 형성과 분
　　화."『중국학연구』, 65: 433-460.

재중국한국인회. 2013.『[1992-2012] 재중국한국인20년사』. 재중국한국인회.

주일영・안건혁. 2007. "북경 수도권 신도시 개발효과에 관한 연구: 인구・
　　산업 분산을 중심으로."『한국도시설계학회지』 8(4): 89-104.

柯兰君・李汉林 主编. 2001.『都市里的村民』. 北京: 中国编译出版社.

耿曙. 2002. "'資訊人'抑或'台灣人'?: 大上海地區高科技台商的國家認同." 佛
　　光人文社會學院政治研究所主辦之「第二屆政治與資訊研討會」會議
　　論文.

耿曙・林宗盛. 2005. "全球化背景下的两岸关系与台商角色."『中国大陆研
　　究』, 48(1): 1-28.

关军. 2006. "10万韩国人在北京."『人民文摘』, 11: 22.

谭玉・蔡志琼. 2014. "外籍人员聚居区管理中的政府角色探析: 以北京市望
　　京"韩国城"为例."『大庆社会科学』, 184(3): 81-84.

唐灿・冯小双. 2000. "'河南村'流动农民的分化."『社会学研究』, 4: 72-85.

鄧建邦. 2006. "台灣勞工在中國: 重新理解中國台幹現象." 2006年臺灣社會

學年會研討會論文.

闫冰艳. 2006. "'新城路上的望京商务.'" 『安家』, 2006(09): 179.

卢韦・姜岩・张金慧. 2013. "加强国际化社区服务管理 推进社会管理创新: 以望京社区为例." 『中外企业家』, 2013(1): 220-222.

马晓燕. 2008. "移民社区的多元文化冲突与和谐: 北京市望京"韩国城"研究." 『中国农业大学学报(社会科学版)』, 25(4): 118-126.

_____. 2011. "世界城市建设中移民聚居区的出现及其特征体现: 基于北京市望京"韩国城"的调研." 『北京工业大学学报(社会科学版)』, 2011(6): 8-13.

谢志岿. 2005. 『村落向城市社区的转型』. 北京: 中国社会科学院出版社.

徐荫培・王文阁. 1994. "跨世纪的现代新区: 望京新城." 『城市开发』, 5: 23.

杨冠军. 2006. "望京 一个节点正在来临." 『安家』, 2006(5): 50.

閻淑敏. 1998. "北京的副都心望京新城." 『中国建设信息』, 24: 33.

王宏仁・蔡承宏. 2007. "族群天花板: 越南台商工廠內部族群分工與職位升遷." 『台灣東南亞學刊』, 4(2): 53-74.

汪若菡. 2013. "韩国人・望京・中国梦." 『全球商业』, 2013年5月号

王茹. 2007. "台湾'两岸族'的现状, 心态与社会融入情况." 『台湾研究集刊』, 97(3): 19-27.

王春光. 1995. 『社会流动和社会重构: 京城'浙江村'研究』. 杭州: 浙江人民出版社.

陆学艺. 2002. 『当代中国社会阶层研究报告』, 北京: 社会科学文献出版社.

李晓雨. 2011. "开放式服务 社区化管理 望京街道深入探索外国人员全新服务模式: 外国人服务管理站 安家望京." 『法制晚报』, 2011.3.17.

张丽娜・朴盛鎭・郑信哲. 2009. "多民族, 多国籍的城市社区研究." 『大连民族学院学报』, 11(2): 113-117.

张磊. 2015. "韩国人在中国的融合与冲突: 以北京的望京社区为例." 『城市规划』, 2015(8): 16-17.

张云霏. 2014. "多民族社区人际关系研究: 以北京市望京地区韩国人为例." 『民族论坛』, 2014(7): 56-59, 68.

郑信哲·张丽娜. 2008. "略论北京望京地区韩国人与当地汉族居民的关系." 『当代韩国』, 2008(秋季): 55-61.

赵峰·孙震. 2016. "全球化视野下政府跨文化管理现状与思考." 『学术论坛』, 2016(5): 149-152.

周雯婷·刘云刚·全志英. 2016. "全球化背景下在华韩国人族裔聚居区的形成与发展演变: 以北京望京为例." 『地理学报』, 71(4): 649-665.

中国社会科学院. 2008. "社区建设中国际, 民族因素的影响及对策: 多国籍·多民族的北京市望京社区研究." 미간행 보고서. 2008年 8月.

何波. 2008. "北京市韩国人聚居区的特征及整合." 『城市问题』, 2008(10): 59-64.

项飙. 2000. 『跨越边界的社区: 北京浙江村的生活史』. 北京: 三联书店.

Abu-Lughod, Janet. 1961. "Migrant Adjustment to City Life: the Egyptian Case." *American Journal of Sociology,* 67(1): 22-32.

Appadurai, Arjun. 1996. "Disjuncture and Difference in the Global Cultural Economy." pp. 27-47 in *Modernity at Large: Cultural Dimensions of Globalization.* Minneapolis, MN: University of Minnesota Press.

Banerjee, Biswajit. 1983. "Social Networks in the Migration Process: Empirical Evidence on Chain Migration in India." *Journal of Developing Areas,* 17(2): 185-196.

Basch, Linda, Nina Glick Schiller, and Cristina Szanton Blanc. 1994. *Nations Unbound: Transnational Projects, Postcolonial Predicaments, and Deterritorialized Nation-States.* New York: Gordon and Breach.

Berry, Brian J.L. 1973. *The Human Consequences of Urbanization: Divergent Paths in the Urban Experience of the Twentieth Century.* London: Macmillan.

Bourdieu, Pierre. 1984. *Distinction: A Social Critique of the Judgement of Taste,* translated by Richard Nice. Cambridge, MA: Harvard University Press.

Cohen, Robin, and Paul Kennedy. 2013. *Global Sociology*, Third Edition. New York: New York University Press.

Collier, David. 1976. *Squatter Settlements and the Incorporation of Migrants into Urban Life: The Case of Lima*. Cambridge, MA: MIT Migration and Development Study Group, Center for International Studies.

Duara, Prasenjit. 1988. *Culture, Power, and the State*. Stanford, CA: Stanford University Press.

Faist, Thomas. 2000. "Transnationalization in International Migration: Implications for the Study of Citizenship and Culture." *Ethnic and Racial Studies*, 23(2): 189-222.

Fang, Ke, and Yan Zhang. 2003. "Plan and Market Mismatch: Urban Redevelopment in Beijing during a Period of Transition." *Asia Pacific Viewpoint*, 44(2): 149-162.

Fleischer, Friederike. 2010. *Suburban Beijing: Housing and Consumption in Contemporary China*. Minneapolis, MN: University of Minnesota Press.

Gans, Herbert J. 1963. *The Urban Villagers*. New York: Free Press.

Glick Schiller, Nina, Linda Basch, and Cristina Szanton Blanc. 1995. "From Immigrant to Transmigrant: Theorizing Transnational Migration." *Anthropological Quarterly*, 68(1): 48-63.

Glick Schiller, Nina, and Georges E. Fouron. 1999. "Terrains of Blood and Nation: Haitian Transnational Social Fields." *Ethnic and Racial Studies*, 22(2): 340-366.

Gu, Chaolin, and Haiyong Liu. 2002. "Social Polarization and Segregation in Beijing." pp. 198-211 in *The New Chinese City: Globalization and Market Reform*, edited by John R. Logan. Oxford, UK: Blackwell Publishers.

Ho, Samuel P.S., and George C.S. Lin. 2003. "Emerging Land Markets in Rural and Urban China: Policies and Practices." *China Quarterly*,

175: 681-707.

Huang, Youqin. 2005. "From Work-Unit Compounds to Gated Communities: Housing Inequality and Residential Segregation in Transitional Beijing." pp. 192-221 in *Restructuring the Chinese City: Changing Society, Economy and Space*, edited by Laurence J.C. Ma and Fulong Wu. London: Routledge.

Jeong, Jong-Ho. 2002. "Shifting Central-Local Relations in Post-Reform China: Case Study of a Migrant Community in Beijing." *Development and Society*, 31(1): 23-51.

_____. 2011. "From Illegal Migrant Settlements to Central Business and Residential Districts: Restructuring of Urban Space in Beijing's Migrant Enclaves." *Habitat International*, 35(3): 508-513.

_____. 2012. "Ethnoscapes, Mediascapes, and Ideoscapes: Socio-Cultural Relations Between South Korea and China," *Journal of International and Area Studies*, 19(2): 77-95.

_____. 2014. "Transplanted Wenzhou Model and Transnational Ethnic Economy: Experiences of Zhejiangcun's Wenzhou Migrants and Wangjing's Chaoxianzu (ethnic Korean Chinese) Migrants in Beijing." *Journal of Contemporary China*, 23(86): 330-350.

Kuznets, Simon. 1966. *Modern Economic Growth: Rate, Structure and Spread.* New Haven, CT: Yale University Press.

Kim, Hyejin. 2010. *International Ethnic Networks and Intra-Ethnic Conflict: Koreans in China.* New York: Palgrave Macmillan.

Lee, James. 2000. "From Welfare Housing to Home Ownership: The Dilemma of China's Housing Reform." *Housing Studies*, 15(1): 61-76.

Lewis, W. A.rthur. 1955. *The Theory of Economic Growth.* London: Allen & Unwin.

Li, Si-Ming. 2000. "The Housing Market and Tenure Decisions in Chinese Cities: A Multivariate Analysis of the Case of Guangzhou." *Housing*

Studies, 15(2): 213-236.

Logan, John R. Ed. 2002. *The New Chinese City: Globalization and Market Reform*. Oxford, UK: Blackwell Publishers.

Ma, Laurence J.C., and Fulong Wu. Eds. 2005. *Restructuring the Chinese City: Changing Society, Economy and Space*. London: Routledge.

Ma, Laurence J.C., and Biao Xiang. "Native Place, Migration and the Emergence of Peasant Enclaves in Beijing." *China Quarterly*, 155: 546-581.

Ma, Xiao. 2019. "Unpacking 'Koreatown' in Chinese Metropolis: Urban Governance, Variations in Ethnic Incorporation and Consequences." *Journal of Ethnic and Migration Studies*. https://doi.org/10.1080/1369183X.2019.1649130

Pieke, Frank N. 2012. "Immigrant China." *Modern China*, 38(1): 40-77.

Portes, Alejandro. 1997. "Immigration Theory for a New Century: Some Problems and Opportunities." *International Migration Review*, 31(4): 799-825.

Rosen, Kenneth T., and Madelyn C. Ross. 2000. "Increasing Home Ownership in Urban China: Notes on the Problem of Affordability." *Housing Studies*, 15(1): 77-88.

Ryan, Chris, and Songshan (Sam) Huang. Eds. 2009. *Tourism in China: Destination, Cultures and Communities*. London: Routledge.

Seo, Jungmin. 2007. "Interpreting Wangjing: Ordinary Foreigners in a Globalizing Town." *Korea Observer*, 38(3): 469-500.

Seol, Dong-Hoon. 2011. "Ethnic Enclaves in Korean Cities: Formation, Residential Patterns and Communal Features." pp. 133-155 in *Asian Cities, Migrant Labour and Contested Spaces*, edited by Tai-Chee Wong and Jonathan Rigg. London: Routledge.

_____. 2015. "The Political Economy of Immigration in South Korea." pp. 63-79 in *Social Transformation and Migration: National and*

Local Experiences in South Korea, Turkey, Mexico and Australia, edited by Stephen Castles, Derya Ozkul and Magdalena Arias Cubas. New York: Palgrave Macmillan.

Smart, Alan and Li Zhang. 2006. "From the Mountains and the Fields: The Urban Tradition in the Anthropology of China." *China Information*, 20(3): 481-518.

Wang, Ya Ping. 2000. "Housing Reform and its Impacts on the Urban Poor in China." *Housing Studies*, 15(6): 845-864.

Wang, Ya Ping, and Alan Murie. 1999. "Commercial Housing Development in Urban China." *Urban Studies*, 36(9): 1475-1494.

_____. 2000. "Social and Spatial Implications of Housing Reform in China." *International Journal of Urban and Regional Research*, 24(2): 397-417.

Wu, Fulong, and Klaire Webber. 2004. "The Rise of 'Foreign Gated Communities' in Beijing: Between Economic Globalization and Local Institutions." *Cities*, 21(3): 203–213.

Wu, Furong, and Chris Webster. Eds. 2010. *Marginalization in Urban China: Comparative Perspectives*. New York: Palgrave Macmillan.

Yoon, Sharon J. 2017. "Cultural Brokerage and Transnational Entrepreneurship: South Korean and Korean Chinese Entrepreneurs in Beijing's Koreatown." *Korea Observer*, 48(2): 387-423.

Zhang, Li. 2001. *Strangers in the City: Reconfigurations of Space, Power, and Social Networks Within China's Floating Population*. Stanford, CA: Stanford University Press.

_____. 2006. "Contesting Spatial Modernity in Late-Socialist China." *Current Anthropology*, 47(3): 461-484.

Zhang, Li. 2005. "Migrant Enclaves and Impacts of Redevelopment Policy in Chinese Cities." pp. 243-259 in *Restructuring the Chinese City: Changing Society, Economy and Space*, edited by Laurence J.C. Ma, and Fulong Wu. London: Routledge.

Zhang, Li, Simon X.B. Zhao and J.P. Tian. 2003. "Self-help in Housing and Chengzhongcun in China's Urbanization." *International Journal of Urban and Regional Research*, 27(4): 912-937.

Zhang, Tingwei. 2002. "Urban Development and a Socialist Pro-Growth Coalition in Shanghai." *Urban Affairs Review*, 37(4): 475-499.

정종호

주요 경력

서울대학교 사회과학대학 인류학과(학사)
서울대학교 대학원 인류학과(석사)
미국 예일대학교(Yale University) 인류학박사
현, 서울대학교 국제대학원 교수
전, 현대중국학회 회장

주요 저서

『개혁중국: 변화와 지속』(공저, 2019)
『현대중국의 이해』(공저, 2005)

설동훈

주요 경력

서울대학교 사회과학대학 사회학과 졸업(문학사)
서울대학교 대학원 사회학과(사회학 석사 및 박사)
현, 전북대학교 사회과학대학 사회학과 교수
현, 한국이민학회 회장

주요 저서

『외국인노동자와 한국사회』(1999)
『韓国の少子高齢化と格差社会: 日韓比較の視座から』(공편저, 2011)
『사회조사분석』(공저, 제4판, 2012)

재중 한인타운의
형성과 발전

베이징 왕징(望京) 한인타운을 중심으로

초판인쇄 2020년 3월 1일
초판발행 2020년 3월 1일

지은이 정종호·설동훈
펴낸이 채종준
펴낸곳 한국학술정보㈜
주소 경기도 파주시 회동길 230(문발동)
전화 031) 908-3181(대표)
팩스 031) 908-3189
홈페이지 http://ebook.kstudy.com
전자우편 출판사업부 publish@kstudy.com
등록 제일산-115호(2000. 6. 19)

ISBN 978-89-268-9923-6 93330